獻給：

英國劍橋紐納姆（Newnham, Cambridge）

聖馬可教區（St. Mark's parish）諸位信眾

殉道，沉默之歌

從馬可福音再想像門徒之道

To Share in the Body

A Theology of
Martyrdom for Today's Church

霍維 著／傲賢 譯

▼

信念再思叢書

殉道，沉默之歌

從馬可福音再想像門徒之道

To Share in the Body

A Theology of Martyrdom for Today's Church

作者
霍維 Craig Hovey

譯者
傲賢

責任編輯
余雪

裝幀設計
奇文雲海・設計顧問

■

出版 / 發行
基道出版社
香港沙田火炭坳背灣街 26 號富騰工業中心 1011 室
LOGOS PUBLISHERS
Unit 1011, Fo Tan Ind. Centre, 26 Au Pui Wan St., Shatin, Hong Kong
電話：(852) 2687-0331　傳真：(852) 2687-0281
網址：http://www.logos.com.hk

承印
海洋印務有限公司

●

10/2016 初版
Cat. No. LP943
ISBN: 978-962-457-531-6

刷次	10	9	8	7	6	5	4	3	2	1
年份	2025	2024	2023	2022	2021	2020	2019	2018	2017	2016

前言

這是一部不尋常的作品，其寫作的風格之所以不尋常，是因為作者沒有試圖討好讀者。多數作者都假設讀者容易感到沉悶或普遍多疑。對應前者，一般作者會為內容輔以軼事和例證，告訴讀者：這些古怪的內容實際上並不古怪，這些令人望而生畏的文字事實上平易近人，而這位犀利的作者其實根本與你沒有兩樣。至於後者，作者則增添無數註腳，指出：文章的論點可能有些牽強，但你看看，有那麼多人認同此說法；這個新穎的說法可能聽起來有點自負或深奧難懂，但它其實呼應著傳統或當代習語，而作者在相關的研究領域可謂如魚得水，甚至佔據核心的位置。

克雷格·霍維（Craig Hovey）並沒有假設他的讀者會感到沉悶或多疑。他的寫作風格尋根究底、發人深省、寓意深遠。他不致歉，也不求認可。他並沒有為了讀者而把事情簡化：書中沒有半句偏離研究之深度的題外話，也沒有半點會削弱信息之嚴肅性的細節。這是一部關於死亡的書，它也論及在不知道自己的生死之重要性的情況下存著信心而死，這可能意味著甚麼。我們絕不能忽視本書的用意。

本書的不尋常之處，不僅是它的風格，還有書的內容。對於大多數讀者和許多神學家而言，馬可福音是一個難題——它難在欠缺了某些東西。對於那些人生教練和自助課程，馬可福音似乎缺乏了一些便於轉換的指導，可供當今處境應用；對於那些自我感覺良好的巨型教會，馬可福音似乎缺少了一種光明、積極的心境；對於歷史鑑別學者，馬可福音似乎欠缺了大量在馬太福音和路加福音中找得到的材料，特別是它缺少了一個正式的結尾。然而，對於克雷格來説，馬可福音毫無缺欠，馬可福音本身並沒有問題；如果有問題，問題也是出在我們身上。

馬可期望我們走那陡峭和狹窄的路。然而一方面，我們遇到的試探，是把福音故事純粹當作關於上帝的知識或資訊，如此，福音不會嚴肅地要求我們付上任何代價；作殉道者，就是相信福音必然要我們付上代價；假如福音使耶穌付上了祂的一切，這福音亦必然要我們付上一切才是。另一方面，我們面臨一個相等的試探：我們誤以為福音就是關於這代價，以至假設福音就是關於我們的犧牲，結果使我們自己成為福音故事的核心。作殉道者，就是成為一個能夠看見、能夠懷著「愛的關注」（loving attention）來觀看上帝真理的人，如此，這真理將一直是一份恩賜（gift），永不會變成我們的所擁有的東西（possession）。在這兩種試探之間的路徑是狹窄的，沒有多少人像克雷格在本書所做的那樣，微妙敏銳地追蹤這路徑的路線。

克雷格承認，當代學者——特別是作為西方白人男士——想深入談論殉道，要冒著被誤解或受嘲笑的風險。但他並不以此為保持沉默的理由。他寫作，並不是為了高舉或尊崇自己的背景，而是為了揭示福音的要求和榮耀。馬可福音基本上並不是關於耶穌在甚麼情境下找到我們；它乃是關於一條軌迹，就是耶穌差派我們出去所依從的軌迹——透過冒失大意的門徒、洞悉真相的盲人、魯莽急躁的親信、錯漏百出的追隨者，克雷格以嚴謹的邏輯，探討這些多姿多彩的角色呈現出來的軌迹。本書首先是一部關乎邏輯——上帝之邏輯（theo-logic）——的著作，它不假思索地相信耶穌的應許，並按此排列其他事情。

我記得，在二〇〇四年，於伊拉克的阿布格萊布監獄（Abu Ghraib prison）發生的虐囚事件被揭發後，我感到在講道時提及這事的最好方法，並不是譴責那些令人髮指的暴行，以及令那些暴行得以發生的文化，雖然這樣的譴責是適時和恰當的，但它們似乎都不是講章的內容。我反而在心中質疑，假如我們的國家被另一個國家入侵，我們（就是會眾加上我本人）會否被對方視作威脅，「配受」虐待？我們固然不足以構成政治威脅，也不太可能是軍事上的威脅；然而，我們是盼望和真理之活的彰顯（living presence），對於那些要求人投降及喜好破壞的入侵者而言，我們持續的見證會令他們感到沒法容忍。我認為，這正是克雷格在本書所論證之要旨：要令上帝的子民成為訓練有素、能隨機應變的羣體，他們為真理作的見證，是反抗對方的宣言，動搖本書所描述的「工具主義」（instrumentalism）和「世界」（world）的權勢。

聽過關於阿布格萊布監獄的講道的會眾之中，克雷格是其中一員。我有幸能多次與他一起敬拜、學習、明辨識別。關於克雷格，我最為珍惜的，就是他帶領公禱的方式。他的祈禱正像這本書，是那樣犀利、堅定、令人忐忑、睿智。對我而言，這樣的作品正是深入上帝內心的嘗試，因此是一種祈禱。對於我們大多數人而言，祈禱是提出一張煩惱的清單，是少許憐憫他人的代求，是努力集中精神的嘗試。但這本書指向一種更豐富的祈禱形式——深刻注目我們在基督裏遇見之上帝的性情，並持續努力跟隨上帝之呼召的邏輯，就是祂在個人、政治、宇宙各範疇發出的呼召。

這可能意味著，讀這本書的人，有些可能會成為殉道者。因此，我們既要存恐懼戰兢的態度，也要以喜樂的心閱讀它。

韋爾斯（Samuel Wells）

序言

在聖公會信徒當中生活了一段時間，我才漸漸懂得欣賞構成本書名字的字眼。「我們擘開這餅，與基督的身體有分（to share in the body of Christ）」（編按：英文版書名為 *To Share in the Body*），我逐漸視這段引自公共崇拜（Common Worship）的禮文，為宇宙的中心。在聖餐禮這慶典之中——這是頌讚的慶典——上帝的子民為著基督身體被擘開而歡欣，我們也重新擘開這身體，在裏面彼此分享。對於教會的生命，對於在基督裏降臨的國度之宣告，或對於世界的歷史，再沒有比聖餐禮更重要的活動了。不過，我懷疑，人類的自戀也足以興高采烈地把自己的話推至這麼一個崇高的位置，畢竟，「宇宙的中心」是從前世代的人欣然接受的，其地球中心說（geocentric）之夢，更合理化人類的妄自尊大。

可是，這段禮文並不屬於我們自己。我們言說，卻不明其意。這些話經人的嘴說出來，仿似一隻從籠中釋出的小鳥，隨即逃逸，擺脱我們的掌握。要持續地言說一些非我們所能掌控的話，實在需要相當的操練。然而，這是基督的奧祕和恩賜，賜予世界和教會——當教會學習不把自己的見證據為己有，只等待上帝應許的成就。本書嘗試透徹思考為何殉道者的見證，正是這樣的見證，也深入探討為何作這見證的責任，並不僅屬於一小撮被揀選的人；殉道者的見證，是基督身體的樣式，是所有基督徒均有分展示的樣式。

任何論殉道的著作，其寫作背景，都逃不過讀者的審察。我是在寧靜的劍河（River Cam）岸邊寫作此書的，此情此景與個人受到威脅迫害的處境相距甚遠，這無疑説明了我無法以第一身經驗談論殉道。我也沒有資格——雖然我並非惟一一個沒有資格的人——給你講任何我親身聽過的殉道故事，因我根本不認識任何殉道者。然而，這個「承認」恰恰是本書的核心關注：要重新想像（reimagine）「**每一所**教會都要成為殉道者教會」的意義。

我得承認，本書的寫作背景，與本書所構想的「教會正常的狀況」——教會在一個充滿敵意的世界，為了宣告福音而受苦——兩者間存在著一定的矛盾。可是，我不認同某些人因此在反思殉道的意義時，只將之看作新約的假設和命令。我嘗試認真地承擔一個我相信是所有基督徒均不容推辭的責任——包括那些身處第一世界的安逸裏的基督徒——那就是：拒絕把殉道的威脅放逐到歷史的邊緣，或地球偏遠的角落。教會很可能會發現，某些環境比其他環境更敵對基督教，而世人會否熱情款待基督的使者，則取決於教會作見證的模式、當權者的興致和眾多其他因素。但我確信，那些教會跟世界平靜共處的時期和地方，是上述規律的例外，它反映的，是教會願意迎合它身處的主導文化，而非文化本身有何美善。

還有另一個奇特之處一直伴隨著本書的創作過程。我是在大齋期（Lent）寫作本書的，這正是教會預備自己的時期，為要跟隨耶穌走向十字架而克己，定意不撇棄耶穌，任祂孤獨地死去。然而，這也適逢是我等待第一個孩子出生的最後幾個星期。我發現，這一年的大齋期於我是種奇特的預備：這是一份禮物，但籠罩在將臨之未來的陰影底下，那是帶著死亡和背叛之印記的未來。聖壇上紫紅相間的裝飾，似乎在聖週（Holy Week；編按：又稱受難週）開始時顯得更沉鬱了。可是，於我而言，這一年的大齋期的禮物一直都奇特地孕育著一種不一樣的未來，一種有著新生命和應許的未來，帶著輕快和喜樂的期待。也許，這就是何謂讓教會同時存著恐懼和出神（ecstasy），朝向受苦節和隨之而來的復活節。或許，這正正捕捉了那奇妙的矛盾：既準備好面對死亡，也積極地活著，這就是十字架與復活那無法分離的背離。我們也可能受邀有分於殉道者的盼望——雖然對於這樣說，我亦感到猶疑，彷彿會因此而使一個偉大的奧祕受損。

克雷格·霍維

聖週，二〇〇六年

目錄

導論

人們普遍認為，馬可福音乃是為一所遭受迫害的教會而寫的，這教會正身處暴力的漩渦。馬可福音的目的，是要幫助這些正在竭力抗衡壓迫和權勢的基督徒，當時那些壓迫和權勢正試圖壓制福音的傳揚。簡言之，馬可福音是為殉道者教會而寫的。

這隨即引起一個問題：在多大程度上，這樣的福音書也在「向我們」說話？一方面，基督徒承認，聖經跟其他所有文學作品不同，因為惟獨聖經是教會的聖典（scripture）。這裏有一個循環的過程：這書被一羣人稱作聖典，這羣人繼之以讀聖典的態度閱讀它，而這羣人之形成，乃是靠他們一起讀此聖典。對於那些在不同時空活出基督教信仰的基督徒，要知道這書的信息是否向他們說話，以及如何向他們說話，則視乎教會如何讓自己的共同生活（common life），受那忠於信仰的踐行塑造。即使「基督徒受迫害」並不是我們這時代的文化－歷史特色，教會依然可以體現殉道者的見證——當教會不容這時代規定信徒順服的範圍或作門徒的程度。這反映了一種信念：殉道並不是人為策劃的結果，亦非與不信針鋒相對；它是上帝給教會的一份恩賜，這恩賜使教會得力，挽回跌倒的肢體，使他們有分於教會持續的存在和見證。[1]

在本書，我嘗試認真地看待這個事實：正如整本聖經都是屬於教會的，馬可福音也不例外。假如這福音書最初確實是寫給一所殉道者教會，我嘗試拒絕一種思想陷阱，即認為此書也是為了其他人而寫的。我也拒絕輕易接受另一種想法，即認為這福音書的含義既然假設了受迫害的經歷，它便跟某些基督徒無關，而只針對那些活在社會邊緣的信徒。對於非殉道者而言，馬可的殉道神學（theology of martyrdom）從沒有一刻失卻它的真確性。那些沒法即時跟這敘事中的英雄人物感同的人，不應把馬可福音視為使人狂熱著迷的時間囊。因為一方面，沒有任何活著的基督徒能夠預知，自己他日會否以殉道者的身分為教會記念，因為——除非這位基督徒自殺身亡（見第二章）——沒有活著的基督徒能在事前知道自己的命途。這意味著，只要我們一天假設「我們」不是殉道者教會，我們便不會適當、合宜地過一種跟世界對立的生活，好叫自己避免像基督那樣受死。我們以非殉道者的身分保障自己的命途。

要抗衡這種傾向，我邀請讀者把基督徒生命看作信仰的歷險之旅，它根植於教會向世界所作的見證。這樣，殉道並非遭遇不測，而是作見證的終極典範（ultimate paradigm）。殉道者在宣揚福音一事上並沒有失敗，他們的死，有分於構成其所宣揚的福音之實質（substance）。這就是所有基督徒都要宣揚的福音——他們宣揚這福音的時候，也記念那些在作見證時死去的人。因此，基督徒參與這事工和作這見證之時，就是承認：「殉道者教會」向所有跟隨基督的人，指出了基督徒生命的核心。

坦白說，不是每個基督徒都會因信仰的緣故被殺害。可是，除非已到達面臨死亡的時刻，否則沒有任何基督徒可以知道他們將來會否因信仰的緣故遇害，因此殉道是每個活著的基督徒真的可能會碰上的。誠然，這聽起來有點荒謬，雖然在邏輯上有可能成立。當然，我們知道，大多數西方基督徒尤其不太可能經歷到殉道，這一點幾乎肯定是正確的，因此我們必須小心，不要把殉道看作是這世界的一個特例——就算殉道在世上實在甚少發生。其實，殉道是福音在世上的一個面向（aspect），是基督十字架的內在特質，因此是教會的標記，這可見於它怎樣記念那些已死的信徒，以及它怎樣裝備和訓練門徒忠於信仰。本書假設每一所教會都該成為殉道者教會——儘管事實上並不是每個基督徒都會以殉道者的身分作見證——以此嘗試深入探討這令人費解的真理。

接下來，我將主要透過仔細研讀馬可福音中的殉道內容，刻意、自覺地運用聖經。我們正面對一個不幸的情況，就是聖經與神學分家，比起教會，這在學術界可能更為人熟知。經歷了超過一個世紀的歷史鑑別學的洗禮，大部分聖經學術深受一個假設影響，就是聖經的意思需靠科學工具發掘。科學本身的限制，加上這假設蘊含的世俗性（secularity），清楚說明這樣做既不可能成功，也不忠於信仰。但是，與其重述過去五十年來許多揭露歷史批判內在不足之處的論證，我寧可以一種假設了福音書的真確性的神學方式來閱讀馬可福音。我沒有從史實根據的角度質疑這書記載的事件；我也沒有尋找那隱藏在聖經背後的意義，因為這樣的意義總會訴諸教會聖典之外的事物。

此外，作為一位基督教神學家，在撰寫本書時，我嘗試以神學角度來讀聖經。我並沒有假設神學與聖經研究是兩門獨立的論述。馬可沒有經歷尼西亞會議、亞他那修（Athanasius）、加帕多家教父（Cappadocians）的時代，但他是同一教會的一分子，而且毫無疑問，馬可福音同樣是屬於教會的。就像它屬於馬可，它也屬於我們。假如馬可福音是基督教聖典的一部分，而這聖典屬於那些敬拜上帝——聖父、聖子、聖靈——的人，那麼基督徒便應該能在馬可福音裏找到這位三一上帝。

這樣做自然有其界限。首先，我們必須尊重馬可福音的文學統一性，當中有許多奇妙的符號模式（patterns of symbols）及引發聯想的意象，它們重複出現，貫徹整個敍事，對細心的讀者來說，它是一種標記。細心的閱讀，包括特別注意到微妙隱約的地方。這種閱讀，意味著要尊重馬可故事本身的信息，而非急不及待地從其他福音書搬來材料，填補馬可福音的空白。在這方面，當我們根據教會的敬拜，以及聖經在信仰生活中的應用來解讀聖經時，我們也必須小心，不要忽略脆弱的文本互涉，以及情節中微妙鋪排的轉折。因此，即使我們理應能在馬可福音中找到三一上帝，我們卻不該在閱讀馬可福音之前，就讓這認知佔優先位置。我們必須讓馬可福音呈現更多洞見——甚至特別是那些教會繼承而得的傳統，這並不是因為我們不信任歷代先賢，而是因為馬可本人正是這些先賢之一。

我研讀馬可福音時，作了下列假設：

一、馬可福音是為了耶穌基督的整個教會而寫的；也就是說，它既不是為了我這個別的基督徒而寫的，也不是為了一世紀某所特定的教會而寫的。毫無疑問，某所一世紀的教會可能是這福音書的首批讀者，但由於馬可福音一直作為教會聖典而存在，這至少提醒我們，沒有哪一個歷史時刻可以聲稱明確理解它的意義的同時，又不致暗示這書是為了他們而非其他人而寫的。

二、殉道是所有基督徒都可能會遇上的，因為耶穌基督的教會正是殉道者教會。這意味著，馬可福音中的殉道暗示（allusions），不是「歷史文物」；對於那些願意背起他們的十字架跟隨耶穌的人，這正是福音的模樣。即使馬可是在一段危險時期寫他的福音書，教會也沒有權利把這書的意義局限在那段時期。

三、關於「馬可的想法」（what "Mark thought"），我們既不可能得知，它也不值得考究。教會擁有的是聖典，而非某位作者的思想。歷史批判犯了個嚴重的錯誤，就是認為作者的寫作動機或用意，為我們提供了理解這些作品的線索。當新約以令人驚奇的方式引用舊約經文，就是在舊約中看見耶穌基督，這樣到底是偏離了經文真正的意思，還是發現了經文的真意？這樣做觸犯了解經的首要規則，還是在質疑這些規則？只有那些願意在敬拜中認信他們所讀的經文的人，才能為他們自己回答這些疑問。

四、基督教聖典的出現，最初是為了形塑基督徒的敬拜生活。例如，詩篇最初是寫來被人唱詠的，人們在唱詠時學習詩篇，可以說，詩篇的出現是為著唱這些詩歌的人。同樣，福音書是禮儀文本（liturgical texts），在敬拜中受高舉、被共同誦讀，人們在教會中活出基督徒生命時，明辨其意。教會無法控制上帝如何透過經文說話，因為教會與經文的首次相遇是限定的：生命的接納性和脆弱性，在崇拜之中敞開。

五、聖經的存在，不是為了回答我們的問題。對於那些我們認為值得問的問題、那些我們認為最重要的事情，聖經並沒有賦予它們存在的合理性。反之，聖經質疑我們的問題：它質問我們，接著往往在沉默中等待——當我們喧嚷和竭力準備一個充分的答案之時。舉例來說，馬可福音沒有以明確的方式回答「耶穌是誰？」這個明確的問題，也不容問這問題的人回避他們自己的身分問題。這並不是說，關乎耶穌的問題實乃關乎我們自己；這只是指出，我們不能在問關乎耶穌的問題時，自己卻置身事外。

接下來，我的目標是識辨和詳述一些馬可福音中與殉道的呈現有關的主題和意象。本書內容的鋪排圍繞著六個關鍵時刻：受洗（第一章）；背起十字架跟隨耶穌的呼召（第二章）；登山變像（第三章）；門徒在客西馬尼園背棄耶穌（第四章）；耶穌在十字架上受死（第五章）；空墳墓（第六章）。最後一章總結，看看在今天，作殉道者教會到底是甚麼意思。

有分於基督的身體，是所有基督徒應作的，也是基督徒的喜樂。眾所周知，這是困難的，因為它涉及背負十字架；眾所周知，這是喜樂的，因為它涉及相信應許。

1

溺斃之水

上帝應許：殉道的結果是洗禮；這似乎暗示了，每當世界殺死一名殉道者，就是在推動它自己受洗，歸入基督的身體。

耶穌說：「你們不知道所求的是甚麼，我所喝的杯，你們能喝嗎？我所受的洗，你們能受嗎？」

他們說：「我們能。」

耶穌說：「我所喝的杯，你們也要喝；我所受的洗，你們也要受。」

（可十 38～39）

與基督的身體有分，即成為殉道者教會的成員，並宣稱這身分。這樣，一個人的身分將連於一個決定，這決定的存在既超越這人，又不至排除這人。這是將自己的未來付託給上帝，也付託給那些同樣把自己的未來付託給上帝的人。這意味著一個人的愛與恐懼，服從於一項最為重要的使命，在當中，愛與恐懼被轉化、被救贖。與基督的身體有分，就是根據上帝在基督裏對世界的拯救而創造的新身體（new body），來重新評估個別身體的重要性。這乃是基於信靠應許而行；它並不是基於理性去評估風險或安全程度，而是基於忠誠，盼望基督與自己同在。

與基督的身體有分，首先在洗禮中發生。在馬可福音，耶穌形容祂的死，和祂兩個困惑的門徒的死時，就是以洗禮來表達。因此，要知道洗禮對基督徒的意義，必須參考下列經文。

耶穌又叫過十二個門徒來，把自己將要遭遇的事告訴他們說：「看哪，我們上耶路撒冷去，人子將要被交給祭司長和文士，他們要定他死罪，交給外邦人。他們要戲弄他，吐唾沫在他臉上，鞭打他，殺害他。過了三天，他要復活。」西庇太的兒子雅各、約翰進前來，對耶穌說：「夫子，我們無論求你甚麼，願你給我們做。」耶穌說：「要我給你們做甚麼？」他們說：「賜我們在你的榮耀裏，一個坐在你右邊，一個坐在你左邊。」耶穌說：「你們不知道所求的是甚麼，我所喝的杯，你們能喝嗎？我所受的洗，你們能受嗎？」他們說：「我們能。」耶穌說：「我所喝的杯，你們也要喝；我所受的洗，你們也要受；只是坐在我的左右，不是我可以賜的，乃是為誰預備的，就賜給誰。」

（可十 32 下～40）

雖然對於雅各和約翰而言，耶穌的意思並不明確，但對讀者而言卻是再清楚不過：洗禮等同十字架上的受苦和死亡，正如十字架等同榮耀。如此，有一個隨之而來的警告，就是一旦誤解了「十字架是榮耀巔峯」之意，也將誤解洗禮的含義。假如沒有十字架，便不可能有榮耀；那麼，沒有受苦——即作門徒，背起自己的十字架的職責——也就沒有洗禮。[1]

覺察到這幾點，我們便隨即被拋進馬可福音那嚴酷的象徵世界：十字架的道路就是受苦，這不僅對於耶穌如是，對所有門徒亦如是。十字架本身乃是榮耀，雖然它看來沒半點榮耀的味道；受洗就是受死。這基督教的入會禮儀，正正顯示了幾個特點，有助於展示它如何跟殉道息息相關。[2]

基督教洗禮具雙重指涉：它指向潔淨（cleansing），也指向溺斃（drowning）。洗滌身體是一種潔淨，為下一步作好準備。施洗約翰在猶太曠野施行的洗禮，深化了傳統的潔淨禮儀，使它也涵蓋了心的潔淨。不僅皮膚，全人都經歷這潔淨。在馬可福音中，施洗約翰施行的是「悔改的洗禮，使罪得赦」（可一4）。但這只是為了將要發生的事作準備，預備主的道路，並調整羣眾的心，迎接在約翰之後來臨的那一位。「有一位在我以後來的，能力比我更大，我就是彎腰給他解鞋帶也是不配的。我是用水給你們施洗，他卻要用聖靈給你們施洗」(可一 7～8)。只涉及水的洗禮，是潔淨的洗禮。但基督教的洗禮，也是一種溺斃之舉。當耶穌接受約翰施洗，祂經歷的是潔淨的洗禮，但這正好與另一事件同時發生，就是上帝差派聖靈像鴿子般降在耶穌身上(可一 10)。即使馬可福音中的耶穌從沒有給任何人施洗，但約翰指出，耶穌將會「用聖靈」施洗，再加上在耶穌自己的洗禮中，有聖靈臨在，這就築起了清晰明確的聯繫，把那些將會跟從耶穌的人，與這些人有分於耶穌洗禮的方式連接起來。在馬可福音十章，我們已經看到耶穌如何把祂受的洗跟祂的死相連，並將這種邏輯推演至祂的門徒身上。這就是在基督的死和復活上與祂感同(identified with)之意。還有，這也說明了約翰的洗禮與基督教的洗禮之間的另一個差別——後者是入會禮儀，由此進入一羣由聖靈所造的新子民當中，因為他們都有分於基督的死和復活。正如保羅所言，受洗歸入基督，就是受洗歸入祂的死(羅六 3)。洗禮中湧溢的水，不僅潔淨，也治死；這水不僅洗滌身體，也摧毀它。新成員身穿的白袍正是殉道者的顏色。[3]我們將會看見，這是基督在登山變像時所披戴的顏色，亦是那位在空墳墓、象徵教會的少年人所披戴的顏色，兩者都曾遭殺害及經歷復活，兩者都經歷了殉道。

除了沉進致命之水來感同基督的受苦，並跟祂一起復活，基督教的洗禮還意味著人與基督的身體——教會——的感同。這新身體，是由那些在溺斃之水中脫去了舊身體，並披上了新身體裏的新生命的人組成的。這新身體同時是集體的（collective）和基督教會的（ecclesial）。每一年的復活節聚會，都跟往年的不一樣。這是個不斷變化的身體，由一眾更新的成員組成，提醒我們，這羣體的基礎並不是人與人之間的友誼，也不是共同利益，彷彿這是一個精英俱樂部似的。世上的富人和窮人，或顯貴和卑微的人，全都在這新羣體中，這新羣體是上帝在耶穌的位格裏造成的。

如此，基督教洗禮涉及兩方面的感同：與基督的感同、與教會的感同。但我們必須看見這兩方面如何相連；並看見基督的身體如何在洗禮中受苦，也在洗禮中形成。雖然這兩方面有別，卻不可分割。與基督的死和復活感同，**就是**與教會感同——但只有當教會是殉道者教會時，這點才說得通。這是甚麼意思呢？也就是說，只有當教會經歷到十字架的痛苦，它才具有復活生命的特質。那曾被釘死及經歷復活的基督身體，就是上帝稱之為教會的基督身體。[4]

儘管雅各和約翰不曉得他們求的是甚麼，他們受的洗卻使他們成為十字架羣體的成員。與基督同死不僅是「向罪死」，亦是與上帝創造的新子民重新連結，活出國度的生命，在當中，基督是至高無上的統治者。再者，與基督同死也是向世界死，跟舊時效忠的對象、對世界的忠誠、受局限的想像斷絕關係。這意味著，透過被納入復活的羣體，我們得享新生命的自由。對於教會的生命而言，死亡不能再為「甚麼事情是可能的」設限。復活的基督不是純粹返回祂之前活過的生命。同樣，當教會分享基督的復活，它不是只預期「一成不變」的永生，而是期盼分享一種新的生活方式，一種新的社交關係，一種新的處理衝突、權力、操控的方法。

儘管耶穌接受了約翰的施洗，但是有分於基督的身體，不僅意味著我們透過受洗效法耶穌。今天，約旦河對於那些希望在該處令自己所受的洗更加真確的信徒，是個值得紀念的地方。但基督徒的洗禮真確與否，不是靠複製約翰給耶穌所施的洗禮便能成就，因為這不過是接受悔改的洗（baptism of repentance）。基督教洗禮遠不止於此。

其中一個分別，可見於聖靈的降臨，對此約翰這樣說：「我是用水給你們施洗，他卻要用聖靈給你們施洗」(可一8)。聖靈創造教會，是在五旬節之時。上帝透過聖靈的洗，創造和建造教會，並為這個羣體添加成員。這是論到基督教洗禮，第一件要提的事。這標記著個人被納入信仰羣體的生活。許多教會放置洗滌盆，就是為了表明這個事實。一經過門口進入教會，身體就被洗滌，雖然在這裏，最主要的目的不是潔淨。事實上，這正是上帝使教會增長的方法。

當我們思想教會的增長是如何發生的時候，有一點值得注意：沒有人可以給自己施洗。任何人要加入教會，都涉及服從一種教會為門徒保存的生活方式。這不能靠另一個主張成就，也不能由別的更好的方式取代——那樣只會使那些人變成他們自己的教會，因此失卻了上帝的恩賜，就是基督身體的其他成員——他們也是上帝的恩賜——所帶來的。因此，洗禮是一個提醒，告訴我們除非我們有分於教會，否則便不能享有上帝賜給教會的恩賜。個別信徒領受的恩賜，並不足以讓他們靠自己活出基督徒的生命。沒有單獨一位基督徒被召去做耶穌曾做的事，因為這是全教會的使命和任務，是教會成員——整全的基督身體——集體的恩賜。

洗禮最明顯的結果便是教會的增長。但我們可能會問，這樣的增長到底是人為的抑或上帝的作為？一方面，我剛才已申明，信仰羣體不單與新成員同在，其事工也把新成員納入這羣體當中。假如沒有教會，沒有現存和歷代信徒羣體，我們就無法把教會擴展至未來，無法跟後世的基督徒相連，也無法跟後繼者建立連貫性。每一代教會都面臨滅絕的危機。若所有基督徒都死了，教會可能亦會一起消失：那些能展現何謂作基督徒的事物，總是隨著人的離去而煙消雲散，除非後繼者更新這些事物。基督徒的生活、敬拜、尊崇聖典、頌讀聖典之展現，這一切踐行部分出於一個目的，就是那些在今天學習這一切的人，將要在明天把所學的教導其他人。如果不再有需要學習的人，那麼上帝的教會便會在明天缺席。如此，確保教會持續存在的責任，似乎很自然地落在人的身上。而且在福音書中，從約翰在約旦河施洗，到基督徒受到囑咐，要藉著施洗和教導耶穌的命令使人作門徒，基督教的入會禮儀看來一直是人的工作。

但另一方面，由於教會是聖靈創造的，人的行為——洗滌、沾濕、浸入水中、從水中起來——變成不純粹是人的行為。施洗約翰的行動與聖靈降在耶穌身上，為人之行動與上帝之行動建立了聯繫。這就是為甚麼我們稱基督教洗禮為聖禮（sacrament）——上帝在我們的行動裏行動。人的舉動和意義，經轉化和提升，得以成聖、被更新和修復，用來服事上帝。人在水中那平凡的舉動，遇見上帝應許的臨在。帶著缺陷的人，蒙上帝的恩典變得完全，甚至、特別是教會本身不斷重複、恆常的行為，也蒙上帝的恩典變得完全。

在耶穌比喻裏有農業社會的用語，它們準確地捕捉到上帝如何創造教會。當然，我們不能把教會等同上帝的國，但這兩者的擴展，都有賴一種不由人操控的權能。

> 上帝的國如同人把種撒在地上。黑夜睡覺，白日起來，這種就發芽漸長，那人卻不曉得如何這樣。地生五穀是出於自然的：先發苗，後長穗，再後穗上結成飽滿的子粒；穀既熟了，就用鐮刀去割，因為收成的時候到了。
>
> （可四 26～29）

把信徒納入教會便是收割的工作，但這卻是由看不見的力量先預備好的，就是當教會睡覺或起來時，上帝所作的工。如此，上帝的應許就像土地的承諾——經年累月地出產，在沒有人力的支援下不息地運行。[5]

當收成來臨，收割仍是上帝與人共同的活動。上帝在我們所作的工之上，透過儀式，加添人數給教會。在洗禮中，教會參與上帝的工作，因而印證到上帝的應許怎樣引發祂的子民作工。這樣的應許若沒有人的參與，就不會實現。在一個被動的世界面前，上帝有祂自己的作為。但這並不是說，惟有當人類集體的意志變得夠決斷，能在我們鄰舍居住的時空中行動，上帝的應許才會啟動。前者拒絕承認教會是能動者（agent），後者則誤解了這能動性（agency）的本質；前者是被動的教會，後者則是致力於制定策略的教會。兩者都錯誤估量自己的工作。其實，上帝的應許臨到聖禮的行動，如洗禮，歡迎人參與此神聖戲劇（divine drama）。相對於教會本身持續的存在，它的參與可說是暫時的、柔弱的、充滿誤解的，但它的參與卻與那創造宇宙的大能相遇，又蒙這大能不住扶持。

即使教會並未獲得保證，叫它總能傳承下去，它卻擁有聖靈的應許。只要教會由這位聖靈的臨在構成，未來的教會便會跟上帝的應許一般堅定。教會恆常面臨遭滅絕的威脅，但同時也蒙應許，得以存留。它永遠都處於一種安危未定的狀態，但卻臣服於它的羣體的恆常更新、共同生活的恆常更新、敬拜中聚集的羣體的恆常更新。然而，在威脅和存留之間的張力，永不會由一股壓倒性的權力解決。當教會面臨滅絕的危機，上帝並不是滅絕危機。上帝應許的抗衡行動，是從無中創造的行動（creation out of nothing）。上帝之干預的特色，並非剷除教會的敵人，壓倒那些危及教會平安的因素。教會的平安，不是按照任何尋常意義，靠擊敗它的敵人來成就。這正是我們在洗禮中所慶賀的。教會慶賀的，是上帝應許的成就，即教會成員持續的更新，以及上帝早已預備的拯救世界的計劃。

雖然如此，這創造的行動——即創造教會——從來都不過是每次加添一位成員的毫不起眼的增長。教會並不是一蹴而就，一下子便能使全部人歸信。**世界**和**教會**不僅是集合名詞（collective nouns），更是人類個體之集成。在洗禮中，一個人從世界轉入教會，世界因此少一個向它效忠的人，而教會則多一個效忠上帝的人。從世界轉入教會的過程雖然緩慢，但卻可喜可賀，預備的年日雖然漫長，但卻堅定不移。

由於這個轉移，洗禮標記著一種明確的權力重整（realignment of power）。就在這裏，我們明顯看到殉道與洗禮之間的連繫。也許，教會遭到滅絕的最極端方式，就是落在一個充滿敵意的世界的手中，慘遭迫害和殺死。如果洗禮是上帝在聖靈裏創造教會的方式，殉道者之死便是洗禮的憂鬱的同行者，也是教會失敗的潛在因素——如果教會的增長，乃是透過每次引導一名成員加入的話，看來它似乎會因殉道這個相應卻又相反（equivalent but opposite）的過程而萎縮。世界企圖奪回它流失的成員，獲得人們從前對它的忠誠，建立昔日的權勢。如此，洗禮便是一個鮮明的政治行動。正如焚燒徵兵卡，洗禮宣稱的是一個轉換了的身分：拒絕成為某一種人，並決心成為另一種人。因此，對於耶穌受洗後即在曠野受到試探（可一12～13），我們不該感到驚訝。祂處於宇宙性且具有強烈政治意味的正面交鋒之中。上帝在聖靈裏的應許降臨到耶穌身上之後，耶穌便遇到攔阻，正如福音書記載的，撒但試圖跟祂討價還價，想跟祂達成協議（如路四5～6）。從一個國度的國民轉變成另一個國度的國民，就是洗禮這行動所成就的，但此舉也標誌著進入一個試探：將新的國民身分換成舊的，把上帝子民（教會）的靈魂再一次交給屬世的權力。世界為求達到這目的，所能採取的最激烈方式，就是叫基督徒殉道。

但正如洗禮不是人獨有的行動，殉道也不是僅僅人手和人意就能成就的。教會的增長或衰微，都不是來自人的工作。換言之，上帝的應許——透過新領洗的成員與教會相遇——一直與教會同在，甚至或特別在教會的殉道者之死中，就是在教會的擴展似乎失敗之時。要解釋教會的增長，不可能訴諸策略、謀略或資源。可是，當教會遭它的敵人摧毀，亦同樣不可歸咎於這些因素。

這事實指向上帝拯救世界的方式。殉道者承受的應許是，他們的死將有助推動萬國悔改。我們可以根據之前對洗禮已作出的觀察來理解這應許。[6] 這包括兩方面。首先，與這個充滿敵意的世界的意願相反，殉道者的死不會削減教會成員的數目，因為已死的聖徒仍舊是教會的成員。此應許的內容不僅賜給殉道者，實際上也在洗禮時賜給所有基督徒。新成員進入的身體，是歷史的身體（historic body），綿延歷代，包括活著的信徒，以及那些活在教會的記憶和見證裏的信徒——當教會在時間的長河中具體地出現之時。基督徒在教會裏彼此相交，跟其他相交（例如婚姻），並不是同類事情，因為「直到死亡將我們分開」這誓詞，並不適用於教會團契。這至少提醒我們，我們的生命連於其他人的生命，但他們絕大多數跟我們素昧平生，他們不由我們揀選，只是因著大家同被稱為上帝的兒女，上帝把他們賜給我們作弟兄姊妹。

第二，當世界迫害教會時，世界的敵對最終並不能得逞。上帝賜給殉道者的應許，實際上也是給予整個世界的應許，特別是當世界心懷敵意之時。上帝不會撇棄基督徒的敵人，讓他們活在一個沒有基督徒見證的世界。就算面對教會成員的死去及世界的敵對，教會仍能繼續存於世上，這是上帝在洗禮中賜予的應許的其中一方面。不管世界如何努力頑抗，它都不會被遺至沒有教會的見證、沒有福音的宣告、沒有上帝的國的慶典、沒有給窮人的好消息的境地。然而，這與基督徒決定用權力壓倒世界，或以強權征服世界，並沒有甚麼關係，而是與基督徒是否相信上帝在洗禮中賜予的應許息息相關：正如上帝已應許要透過聖靈的恩賜而非人的努力使教會增長，同樣，上帝也已應許，任何人嘗試摧毀教會，都會面臨聖靈之作為。[7]

當然，教會的增長與萬國的悔改之間的連繫，似乎有點弔詭。我已經提到，教會的增長經由洗禮和聖禮；而世界對教會的迫害，也必須被視為包括在上帝那洗禮和聖禮的應許之中。此外我也提到，上帝是為了世界才保留教會於世上。這並非意味著不會再有人殉道，而是殉道不會制止上帝子民作見證，反倒會在萬國悔改一事上發揮作用。但這看來可能有點弔詭，因為事實上，教會的增長**就是**萬國悔改，受洗是世人悔改的途徑。世界的成員加入教會，成為教會的成員，敬拜上帝和跟隨耶穌標記著他們的身分。上帝應許：殉道的結果是洗禮；這似乎暗示了，每當世界殺死一名殉道者，就是在推動**它自己**受洗，歸入基督的身體。

殉道和洗禮之間的關係，與其說它弔詭，不如說它是一種諷刺（irony），因為它明顯帶有復活事件的諷刺邏輯。世界的殺戮之道，與上帝的拯救之道，最終不能相容。在路加福音裏，耶穌在十字架上說：「父啊！赦免他們；因為他們所做的，他們不曉得」（路二十三34），這正好展示了這種諷刺。他們不知道自己在做甚麼，因為他們殺害耶穌的行動，正成為他們有機會得著赦免的基礎。當聖父答應聖子的祈求，赦免祂的敵人時，上帝的答覆其實就是十字架和復活。這樣的諷刺邏輯，意味著耶穌的死和羅馬兵丁得蒙赦免之間的關連，乃是聖父給聖子的恩賜，這將是給全世界的好消息，並且是所有基督徒宣告的內容。殉道者有分於基督的死和復活，因為他們的死，見證了聖父給聖子的恩賜，這恩賜就是上帝藉洗禮促進教會的增長。如此，復活便解釋了殉道與洗禮之間的關連。

然而，對於上述建構的關連，我們必須留意一個異議。上帝有可能透過祂的殉道者的見證，以及殉道者教會的宣教工作來拯救世界。也有可能的是，萬國迫害上帝的子民，卻無意間強化了赦免的傳遞，那赦免是萬國在適當的時候將會領受的，並且當他們致力破壞教會的時候，反倒加強了上帝建立教會的模式，如此，他們乃是不由自主地臣服於上帝的旨意行事。但我們肯定可以反對一個見解，就是認為世界對教會的公然迫害似乎相當少見。殺害基督徒的獨斷暴君一向都是異數。大多數基督徒都不必為他們的信仰而死，從這方面來講，他們的死都沒有對萬國構成見證。那麼，關於上帝的應許，我們應該說些甚麼呢？

首先，殉道並不是教會作見證的惟一模式。基督徒給世界帶來正面的信息，這信息在定罪之前，先傳講救恩和好消息。教會首先不是為了敵對世界而存在，而是為了世界而存在。當教會遇上世界充滿敵意，拒絕聽從福音，它必須在上帝面前問心無愧，知道不是它自招敵意。新約警告我們，我們若因行惡而受苦，便不可自以為義，這是給歷代教會的警告，提醒它把作見證視作首要的，把它的受苦視為非工具性的（noninstrumental）。把基督徒受苦的經歷與上帝的稱許之間的關連，想像成一因果關係，這只不過是一個錯誤觀念的另一種版本罷了，這錯誤觀念就是相信基督徒受苦能引至萬國悔改。兩種看法都錯，但這並不是因為在受苦和稱許之間，或在受苦和悔改之間**沒有**任何關連。這些看法之所以錯，是因為這樣的關連不能被解釋成受苦的一種內在特質。殉道者的死不是某種傳福音的策略。意識到這點，基督徒可以免除一種錯謬的想法，就是以為教會要作見證，就必須受迫害。信徒得著應許，知道受迫害可能是經驗上的事實（empirical reality），但世界得到拯救，並不需要倚靠世界敵對上帝的國。[8]

另一方面，當萬國運用它們的權力殺害基督徒時，上帝會使用這權力來抵擋萬國的意願，這是毋庸置疑的。我的意思並不是說，萬國的權力是萬國得著拯救所必需的。上帝的福音約束了掌權者的虛張聲勢，顯明他們的權力相對於上帝的能力，絕對是微不足道的。萬國的權力和軍事力量之存在，既毫無緣由，亦無濟於事。上帝在世間成就之事，沒有一件必須靠萬國通力合作方能成事：祂不需要它們維持秩序、發號施令、集結及動員軍隊、摧毀其他國家、損耗兵力。上述種種元素，沒有一樣是上帝為宇宙所定的計劃的要素；沒有一樣是上帝的創造不可或缺的，也跟祂怎樣繼續維護整個創造沒有關係；沒有一樣跟上帝維持公義、施行憐憫、彰顯慈愛、維護弱小、醫治病人、促進平等、帶來和平相關。萬國的權力只是出現在這裏，它的存在並非不可或缺。[9]

然而，上帝使用了萬國的權力來抵抗萬國的意願，則完全是另一回事。上帝在世上行事並不需要靠世界的能力，但上帝仍選擇善用邪惡，正如法老的行動被用來創造一個聖潔的國度。上帝不需要法老，正如上帝並不需要羅馬。同樣，上帝甚至不需要十字架，但祂卻使用它成全神聖和良善的目的，這是保羅一個常遭誤解的教導的真義。當保羅說政府以上帝僕人的身分揮刀弄劍（羅十三4），乃是指他們**逆著自己的意願**服事上帝。這是因為全宇宙都屬乎上帝，甚至是那些叛逆上帝，意圖離開祂自立，要擁有自己領域的絕對主權的，也屬乎祂。我們不該把保羅的主張，理解成保羅在稱讚國家的良善，並且推崇他們的權力，簡單、直接地視之為上帝在世上行動的必要條件。上帝的道路並不需要刀劍、十字架、槍炮，雖然這一切都被上帝約束和使用，來成就祂的旨意，以顯明上帝的主權淩駕於人的叛逆和驕傲。

對於「殉道似乎只是罕見之事」這異議，我們的第二個回應是要弄清楚，世界忽視和容忍教會，是否因為恰當的原因。世界忽視教會，是否出於善意？又或因為教會給予世界的，往往太少——太少見證，太少挑戰，太微小的上帝，和一位無關緊要的耶穌——以至世界沒甚麼好拒絕？本書所確信的，正是後者。真正的教會依然是殉道者教會，儘管它相對來説缺乏殉道者。相對地缺乏殉道者，並非**必然**意味著甚麼，因為殉道並不能證明教會有多忠誠，或它的見證有多無懼，也不能證明它的行為是出於公義。但是上帝已應許，會使用殉道者所承受的迫害去擴展教會的宣教事工，這應許對教會有實在的意義和持續的重要性——只要教會委身於向一個充滿敵意但仍屬於上帝的世界作見證。

教會無法成為殉道者教會，這事實最可見於某些出於情感因素（sentimentality）而繼續給幼童施洗的文化。許多人認為，洗禮既非意味著加入信仰羣體的生活，亦非歸入基督的死和復活；洗禮不是溺斃在洶湧的大水之中，不是參與基督的受難，也不是委身於教會的操練（即關係到教會的新生活和使命的操練，它因為基督的復活而變得可能）。許多人認為，洗禮並不是叫新成員憶起上帝的應許，並邀請他們進入這些應許——對於那種帶著奉獻和冒險之標記的生命而言，這些應許是不可或缺的。相反，許多人認為洗禮乃關乎摒棄生、死此等更重要的事宜，好讓我們的生活和抉擇由自己作主。上帝在洗禮中賜給教會的恩賜，標記著作門徒的艱辛及上帝對信徒的維護；但對許多人而言，洗禮與此截然不同，他們以為洗禮只不過是用來遠離上帝、保護自己的生命，以及鞏固個人的自主自由，不受教會干擾。洗禮成了一個奇特的儀式，傳遞一種無傷大雅的祝福，是一個充滿盼望但終歸平淡無奇的符號，象徵從生命領受美好的事物，懇求安寧和好運，是一個正面的徵兆，又或許是一個迷信的舉止。可以肯定的是，許多人受洗都無意跟基督同死，或為信仰受苦。

但正因洗禮是上帝那充滿應許的恩賜，教會必須繼續信靠上帝會保存它的生命以作福音的宣教事工，雖然教會的生命似乎遭到破壞——在這裏，破壞乃是從內部產生的。這對於殉道者教會，無疑是更艱巨的挑戰：不是來自外界的迫害，而是內部的積弱。我們往往會認為，安寧標記了教會的共同生活，這種安寧由那些想要教會，卻不想為教會受苦的人所展示。人們期望教會提供團契生活，而不是挑戰；提供祝福，而不是管教。但這不就等同一種情況，就是教會身處一個對它的存在漠然相待的世界嗎？這不正是世界為著其目的，將教會的存在納入自己陣營的方式？實際上，教會之創造和存在，正受到內外威脅的夾擊，而且雙方的攻擊多有共通之處。但重要的是，儘管有這些威脅，上帝仍應許要創造和維護教會。

2

背負十架

殉道不是給一小撮蒙特別揀選的信徒的特殊呼召，而是每個基督徒應有的委身，是每所教會應負的責任。

凡要救自己生命的，必喪掉生命；凡為我和福音喪掉生命的，必救了生命。

（可八 35）

雖然受洗是一種死去，但這也正是開始。耶穌的邀請沒有止於「悔改，受洗」，而是貫徹「跟隨我」的呼召。「跟隨」耶穌，與跟隨蘇格拉底(Socrates)或其他偉大的老師，兩者的含義完全屬於不同的範疇，是截然不同的。對於後者，我們假設大師都有自己的門徒，這些門徒跟從其教導和生活方式，耶穌的門徒無疑也這樣做。要說明我們為何應該愛鄰舍，除了因為這是耶穌的教導之外，我們找不到其他理由。我們也不需要更穩固的權威基礎，來支持我們接待小子、向陌生人施憐憫，或探望被囚的人，我們只需明白這樣做，就是意味著跟隨耶穌的教導。於此而言，耶穌的跟隨者與蘇格拉底的跟隨者的**性質**並沒有差別。此外，這兩位偉人的跟隨者，亦可能採取與眾不同的生活方式。他們可能會在市集提出富挑戰性的問題，或公然抨擊權貴，這不僅因他們受教導如此行，更重要的一點是，他們在跟隨一種生活方式，這種生活方式自然而然衍生出該類言行。今天我們談到哲學，一般都會把它當成一種生活模式，而非一組觀念，這樣的描述肯定和跟隨大師這種古典的踐行一致。

可是，跟隨耶穌與這種古典的踐行有兩個重要的分別。首先，雖則耶穌的門徒看似在順服祂的教導，但實際上，他們乃是在順服一個有血有肉的人。[1]耶穌的話並沒有構成一個知識體系，或一組綜合的指令，以致教會尚未領受，就已大概了解要怎樣遵守。作為一個有血有肉的人，耶穌呼召今日的門徒跟隨一種權柄，於我們而言，這種權柄乃是由祂的復活構成的。[2]當教會相信基督已經復活，就能堅稱復活的那一位主，會持續地臨到這羣體的共同生活。這所蘊含的其中一個含義是，教會閱讀聖典時，亦同樣以「跟隨」為準則。教會有權使用一種「徹底的詮釋學」（radical hermeneutics）來閱讀它的聖典，因為它把自己對聖經之閱讀，融入聖經的主角所形塑的生命。這就是「聖經是活潑的道」這宣稱的部分含義。用一種更富基督論意味的說法來講，道（Word）住在我們中間（約一14）不僅意味著頒佈律法，因為作為摩西律法之成全，基督在世上有血有肉的臨在構成了另一種權柄。在馬可福音中，這種權柄使耶穌打從一開始便有別於律法教師（可一22）。基督的律法不再刻在石板上，正如祂的身體不再被石塊囚禁。石塊滾落，向世界釋放出有血有肉的基督，祂是上帝永恆的律法，不是一次賜予，而是以有血有肉的道的身分，一直與世界同在。

我們可能會在想，一個有血有肉的耶穌似乎有點難以捉摸，因為我們安於既定不變的事物。這指向關乎跟隨耶穌的獨特之處的第二點。耶穌展示生命樣式的方法，是透過引領教會進入同樣的生命樣式，不獨靠祂所展示的典範，也憑著應許。這種生命樣式，沒有任何先前的繼往開來的保證。這生命樣式涉及的抉擇，不是由不變的樣式或元級定理（meta-level theorems）所掌管。在一個易轍不忠、反覆無常、濫慾移情的世代，一位昔日、今日、明日都不改變的上帝，確是令人心安。相對而言，一位走在我們前面，吩咐我們只憑著信心的亮光跟隨祂進入未知之境的上帝，則令人感到不安。正如當我們被要求遵守法例，我們會希望事先得到保證，即該法例關乎的政治及經濟是穩定的，並且因著公正的因素，會一致應用在所有人身上，而且它們某程度上是為了保障共善（common good）。

然而，當持守信心的教會被召冒險，上帝並沒有應許它能脫險，或保證它跟隨主的行動必能成就些甚麼。

在這裏，我們必須討論接下來的話題，這話題關乎耶穌呼召門徒背起十字架跟隨祂。

> 若有人要跟從我，就當捨己，背起他的十字架來跟從我。因為，凡要救自己生命的，必喪掉生命；凡為我和福音喪掉生命的，必救了生命。人就是賺得全世界，賠上自己的生命，有甚麼益處呢？人還能拿甚麼換生命呢？
>
> （可八 34～37）

說到背起「你的十字架」，基督徒太常誤解它的意思了，把重點放在**你的**多於**十字架**。結果是，基督徒把他們要背的十字架，理解成受苦的時刻：丟了工作、失去孩子、身體殘障。我要背的十字架可能跟你要背的不一樣，所以每個人需要發現他們自己的十字架，接著便定意無怨無悔地背起它。但這大大誤解了耶穌的話。[3]當然，這並不是說，基督教對悲傷和遭受虧損的人默然以對，也不是說耶穌漠不關心，只是這根本不是背十字架的呼召的意思。由於跟隨耶穌是個前途未卜的舉動，惟有信靠應許，才得保證，而不能指向那些為人熟知的重擔。

要明白耶穌的吩咐，關鍵是**十字架**這詞。十字架代表一個被定罪的犯人所受的苦，也代表在羅馬人手下受死。十字架清楚指向耶穌運動（Jesus movement）將會遇見的敵對，也指向耶穌決意要教會的成員站立得穩，準備好承受作為教會的一分子而必須承受的後果。這些話不是一位溫柔牧者的安慰之言，不能舒緩或撫慰悲傷的人。這更像是與敵軍作最後交鋒的前一夜所聽到的震奮人心的號召。事實上，假如這是其他政治運動，我們往往會視此號召為動武的號召。但這不是**動武**的號召，皆因十字架的革命已將武力拒諸門外。然而，這號召雖然是非暴力的，它仍然具革命性。

使用武力者為了更有果效的手段而撇棄了他們的十字架。因此，我們必須明白，不僅十字架拒絕暴力（寧可承受暴力而不施行暴力），而且跟隨耶穌亦非達至甚麼成就的手段。因為跟隨耶穌與跟隨其他任何人，是截然不同的，當中的分別在於：跟隨者所面臨的危機，不能由跟隨者的行動來減緩。實際上，跟隨耶穌的邏輯勢必引發對暴力之拒絕。換一個方式來說，活在今天的甘地（Mahatma

Gandhi）跟隨者，不會由今天的甘地引導，而是由歷史中的甘地的教導和技巧引導。因此，這些教導和技巧成為抵抗的工具。但是，它們卻不足以令那些使用這些工具的人，成為非暴力的踐行者——就像那些為了跟隨一個有血有肉的榜樣而背負十字架，從而成為非暴力的踐行者那樣。假如跟隨耶穌與跟隨甘地在這方面沒有分別，那麼背負十字架（而非透過鬥爭來拒絕它）所蘊含的非暴力本質，便只能訴諸「作基督的門徒」之外的事情來理解。

教會背負它的十字架，並且不問十字架所為何事。教會不會問，若它把精力投放在更有價值的事工上，會否更好。它不會猜想羅馬有多良善，也不會如此猜想任何統治它的政權。它這樣做，只會給自己一些正反理據，然後，它不僅會招來反對的理據，很諷刺地，當它因拒絕使用暴力，從而對所要承受的苦難深思熟慮之際，它也會試圖以暴力作為改變的武器。基督徒的十字架並不是拒絕暴力的**理據**（reasons），而是教會拒絕暴力之道（ways），十字架本身就是教會對暴力的拒絕。反十架（counter-crosses）並不存在，也就是說，跟隨耶穌，同時又得以免除命喪於掌權者手下的風險這回事並不存在。這裏只有兩種人：承受暴力者和施行暴力者，被釘在十字架上的人和把人釘在十字架上的人。基督徒的和平的形狀是十字架，因為這不是一條逃避暴力的道路，而是一條拒絕暴力的道路：藉著承受暴力來拒絕暴力，也為了拒絕暴力而承受暴力。簡言之，教會背負它的十字架，沒有其他原因，只因為耶穌先背負了十字架。

這進而構成了教會的身分。馬可清楚指出，那些背負十字架的人，不以耶穌與福音為恥。

> 凡在這淫亂罪惡的世代，把我和我的道當作可恥的，人子在他父的榮耀裏，同聖天使降臨的時候，也要把那人當作可恥的。
>
> （可八 38）

教會為了福音的緣故受苦，這並不是它不以為恥的證明。教會受苦本身即它的不以為恥；這就是教會跟基督的十字架團結一致的方式。我們必須再次強調，受苦不能證明教會的見證，也不能證實它的證詞。若能如此，教會也能沒有拘束地探討其他有助證明或證實的辦法。與此相違，背負十字架本身已是教會的見證，這見證宣告耶穌是基督。在下一章，我們將會指出，為何彼得的認信 ——

「你是基督」——實際上等同否定了此認信的重點。他的認信掩飾了他不願意背起十字架。

此外，耶穌實際上以經濟詞彙描述我們不願意的心態：「人就是賺得全世界，賠上自己的生命，有甚麼益處呢？」（可八36）。「全世界」（whole world）就是福音傳揚的領域，在那裏，基督徒的見證叫人知道耶穌的故事和祂作為基督的身分（十四9）。「全世界」亦是試探的源頭，叫基督徒撇棄十字架的苦難。儘管耶穌用的是經濟詞彙，但這並不是說基督徒要追求一種苦修倫理（ascetic ethic），從而拒絕那個充滿華廈巨宅和膨脹的銀行戶口的「全世界」。「全世界」也不是指那種追求更大財富或巨額財產的試探，這試探可以壓倒軟弱的基督徒的善意。全世界是指福音傳播的對象，即其他生命。這是指教會之外的世界，那些需要聽見關乎基督裏之新生命的人。那世界將要聽見，耶穌被埋葬之前，有一個女人膏抹耶穌這愛的舉動，她知道耶穌將會受死，但仍不撇棄祂。反之，她做了一件「美事」。

> 我實在告訴你們，**普天之下**（whole world），無論在甚麼地方傳這福音，也要述說這女人所做

的，以為記念。

（可十四 9，粗體由作者附加）

賺得全世界卻失去自己生命的試探，就是把福音化作武器（這是那女人拒絕使用的武器）的試探。這是設法讓福音起作用的試探，使福音服從我們的目的，而非讓這好消息與不信的世界相遇，並接受世界拒絕福音的可能。問題是，作為武器的福音只有福音的外表。但正如背起十字架是一個邀請，福音亦是向全世界發出的邀請，它是一個提議，假使世界不能自由地拒絕福音，那麼福音便等同否定了自己。古利奈人西門被迫背負十字架，但卻不是耶穌要他這樣做。基督的門徒也許亦會被迫背負十字架，但這只因他們已認定，背負十字架等同他們以自由的受造物的身分作門徒。

同樣，教會自發地記念它的殉道者，並拒絕讓它對殉道者的記憶，變成使用暴力的借口。教會記念的殉道者，是那些背負十字架至死的信徒，這些人因此有分於基督的死。教會這樣記念殉道者，與其說是擁抱他們的死，倒不如說是擁抱那些為基督而死的人，視他們為教會持續生命之一部分。對於那些倒下了的成員，殉道者教會記念他們是耶穌的跟隨者。[4]然而，教會透過信徒的共同生活，在過程中辨認誰是它的殉道者，這也是恰當的。教會的成員是否真正的殉道者，教會又該怎樣記念他們，都需要教會的明辨。[5]這提醒我們，沒有殉道者是自我標榜的，這可以分兩方面來講。

首先，正如沒有人能夠給自己施洗而成為教會的成員，同樣，也沒有人能直接尋求殉道，或以某些方式自行了斷而成為殉道者。殉道跟自殺是兩回事，尋求殉道是屈服於一種試探，把「背起你的十字架」和「跟隨我」分割開來。這是一種緊抓著確定性不放的傾向，甚至想透過稱自己的死為殉道，來確保自己的死的意義。可是，殉道者將自己付託給教會的記憶，卻沒有得到以下保證：教會能在它持續的存在中明辨到殉道者之死的意義。[6]這並不是由於殉道者可能會被教會出賣，而是因為他們在受死之際，仍然公開服從教會的紀律。畢竟，教會敍述往昔的方式也是一種律己的工夫，以致能免於自欺，並學習說真話，特別是關乎教會失敗的地方。「你們若因犯罪受責打，能忍耐，有甚麼可誇的呢？但你們若因行善受苦，能忍耐，這在上帝看是可喜愛的」（彼前二 20）。

第二，教會傳頌它的殉道者，是活著的人代表已死的人説話。教會這樣做的理由是：基督已經復活，並且與教會同在。在基督裏死了的人已跟祂一同復活，他們同樣是教會的一部分。殉道者仍在教會的決策上發揮作用——透過有關他們的記憶，這記憶藉著復活臨到我們。因此，視他們為殉道者予以記念，便是教會的記念工作的一部分。殉道者不是自我標榜的，因為這樣的標榜只會變成一種自我反駁。那些面臨殉道的人若標榜自己是殉道者，即掩飾了自己與教會分隔這事實，他們對教會的集體回憶缺乏信心，這表示他們對於復活的基督臨到教會的事實也缺乏信心。簡言之，自我標榜意味著殉道者不相信復活，這代表他們無法成為殉道者。[7]

但教會不只記念殉道者。因著洗禮，教會必須記念它所有成員，正如它在諸聖日(feast of All Saints)所做的。然而，這裏有一個特別的挑戰，它來自另一個問題，就是基督徒該如何記念那些曾經使用暴力的人——他們使用暴力，因此不能被視為殉道者。那些戰死沙場的人，常被視為付出了自己的性命，但若說他們已背負十字架，則是一個錯誤。在馬可福音的敍事裏，根本就沒有門徒是殉道者，當中只有鬥士(fighters)和逃命者(fleers)。戰鬥的人同時也是逃命的人，因為所有人最後都背棄了耶穌(見本書第四章）。無論是鬥士還是逃命者，都不能以「向萬國宣揚基督之和平的使者」這身分被記念。他們代表的只是真正的和平的殘缺版本，是一場更關鍵的戰役中的一段短暫的插曲。[8]

有人假設和平即沒有戰爭，這樣的假設促進了軍國主義的邏輯和國家的軍事發展，它合理化了世間那些以虛假的和平為名義而發動的無休止衝突；這假設亦應許救恩將出現在人類歷史那短淺的視野裏，當中軍事力量扮演著主要角色。有人認為，是殉道者而非軍人真正掌握了萬國的和平之鑰，由於這種想法違反直覺，因此需要先知告訴我們——結果我們曾殺害過不少先知。我們殺害先知，卻並不能阻止他們前來；這正好應驗了上帝向所有先知所作的應許，就是他們將會冒著極大的危險言說真理。[9]我們沒有被先知打動，雖然他們在脅迫中的言説極具說服力；對於基督甘心的奉獻，我們也似是無動於衷——祂的呼召也自由地向不信的人發出。可想而知，有許多人會拒絕祂的呼召，而當那些接受祂的呼召的人與世界爭戰，再沒有比基督十字架的軟弱更有能力的工具了！可是，當福音的信息受到拒絕，這種拒絕經常體現為：對那些宣稱暴力毫無用處的人施以暴力。

教會不能把鬥士當成殉道者予以記念；然而，教會可以以殉道者**為憑據**，來記念鬥士。[10]教會可以記念自己的失敗，就是未能透過自己的成員的見證，向世界展示基督的和平。教會想不起任何與基督一同受難殉道的信徒，卻隨時準備好表揚鬥士的功績，這種情況是嚴峻的。但更嚴峻的是，教會積極記念那些為國戰鬥的人，認為他們在成就福音的工作——實際上，這工作只有拒絕使用武力的殉道者才能成就。

我們該怎樣解釋這情況？在馬可福音的稍後部分，耶穌以天啟的語言（apocalyptic language）向祂的門徒說話，其內容跟稍早前祂背負十字架的呼召互相呼應，並且詳細說明了他們的抵抗有甚麼特點：「將來有好些人冒我的名來，說：『我是基督』，並且要迷惑許多人。你們聽見打仗和打仗的風聲，不要驚慌。這些事是必須有的，只是末期還沒有到」（可十三6～7）。雖然我們聽見「打仗和打仗的風聲」，祂告訴我們「只是末期還沒有到」。當鬥士被誤以為殉道者，受到記念，他們即在一種既危險又錯謬的福音裏充當英雄，這福音宣告「末期」**正在**戰爭和宣戰中臨到。關乎戰爭和戰爭的風聲的二元性（duality），它是一個暗號（cipher），在當中，我們看到另一個選擇——

彌賽亞和平之路——的抗議。風聲（rumor）對於那些沒有理由懷疑它的真確性的人來說，是具有知識內涵的。但門徒受到警告，要對此等宣稱抱懷疑的態度，因它們涉及偽彌賽亞（6節）。至於門徒能否辨別和拒絕偽彌賽亞的信息，則視乎他們能否抗拒試探，拒絕相信戰爭的風聲標誌著歷史的終結（consummation）。當然，問題是在某程度上，我們太輕易相信戰爭總是「末期」，卻沒有意識到這般言論只是一個邪惡的倒退城邦（*polis*）的特色，是教會拒絕採納的。戰爭的風聲宣稱的是萬國萬邦之興衰交替：正是這些變化定義它們作為王國的身分。在此基礎上，屬地的城邦（*civitas terrena*）不斷更新。世界的特色就是它有本領維持戰爭的風聲，使之繪聲繪影，這風聲不獨是分享資訊的途徑，也是分享信念的方式，它關乎論到其政治身分，甚麼是最核心的。[11]

耶穌警告我們，儘管有戰爭和戰爭的風聲，但末期還沒有到。祂的話不是那種關乎末期將會是甚麼樣子的預言，而是警告我們，我們有可能把戰爭和戰爭的風聲跟末期扯上關係，但事實上，這兩者相距甚遠。真要說兩者有甚麼關係的話，戰爭和戰爭的風聲只是末期的開始：「這都是生產之難的起頭」（可十三8）。十分有趣，經文運用的意象不是指向終結，而是開始；不是終末的一章的終結，而是下一章的開始：生產之難的起頭，是新事物的開始。事實上，這段天啟的論述，重點是指出終末的本質（肯定不是討論終末的**時間**）。藉著把荒謬的事物從重要的事情中分辨開來，這論述奠定了一種視野，這種視野決定了人類與神聖歷史的範式。戰爭的風聲只是在末期的開始階段，這階段正在消逝，卻妄圖聲稱自己是終末。耶穌給門徒的警告是，不要相信這是終結。耶穌沒有說末期將會是甚麼樣子，但不會是**這個樣子**。或者，更好的說法是，在這裏，有些事物看起來酷似終末，但它們並非真的終末。它們只是看起來像終末，因為它們反映的是一種虛假做作的姿態，是確定的事物之替代品。殉道者教會被警告，不要預期戰爭所應許的結局。

耶穌的見證宣告上帝的國的降臨，但它並非來自以戰爭殲滅敵方的君王。戰爭會轉變成兩種試探。第一種試探是相信上帝的國實際是那種經由暴力建立的國度，因此使用暴力手段（例如十字軍）催促此國度降臨。另一種試探是認為由於上帝的國並沒有帶著武力臨到，所以這國度其實從來沒有臨到。耶穌說末期還沒有到，這警告乃是針對第二種試探發出的。輕信戰爭風聲的人，他們開始對上帝的時間表——就是所謂的「主延遲再臨」（delay of parousia）——感到失望，他們因上帝遲遲未施行審判——透過將祂的圓滿國度帶到世間以修正世界——而感到不耐煩。

第一種試探（即以暴力手段帶來上帝的國）令耶穌的話顯得極具諷刺意味。因為祂的話並非受到忽視，反而在通俗文學和所謂的先知式講道中被廣泛引用，它們以「末期的風聲」為題，對將臨的歷史終局作猜測。因此，當耶穌警告說「末期還沒有到」，祂的重點被完全摒棄，而且（令人難以置信地）祂的話被挪用，以支持某些風聲持續的存在，這些風聲乃出自對上帝的國缺乏慎思明辨。當上帝的國非顯而易見之時，基督徒便會遇到一種危險，就是受到屬世的成事之道的蠱惑。這是否一種異端邪說，等同承認偽彌賽亞（耶穌用相同的話譴責這種錯誤）？——雖然很諷刺地，這些都被用來維護正統信仰。就如最令人難以察覺的拜偶像方式，這裏的危險，與其說是蓄意敬拜基督之外的彌賽亞，不如說是不當地沉醉於另一種似是而非的基督論式的主權（christological sovereignty）。

我們該怎樣解釋這種諷刺？耶穌的話，本來是把終末延至戰爭的終極性（ultimacy）之後，它怎會變成給人機會把戰爭與終末扯上關係？有一種偽彌賽亞主義（false messianism），無意間把終極性歸給戰爭，這立場認為，戰爭實際上是在和平中帶來終極性。偽彌賽亞**通過**戰爭，帶來釋放，即和平。風聲四起，不是說戰爭已經開始，而是戰爭快將結束！這就像在一九四五年，從四月底至五月初期間流傳的和平風聲，雖然第二次世界大戰的終結實際上仍未來臨。

我們必須明白，對於那些厭倦了戰爭的人，與那些仍未厭倦戰爭的人（特別是戰爭對他們有益）而言，偽彌賽亞的邏輯實際上屬於關乎世界的同一個故事。那些希望戰爭結束的人，與那些希望戰爭持續的人，他們共享同一個假設。這樣說似乎對那些飽受戰禍蹂躪的人不公平；但這些話只是提醒我們，飽受戰禍蹂躪的人最有可能相信戰爭的終結標誌著和平國度的來臨。把對偽彌賽亞的盼望連於戰爭的終結，其所根據的基礎卻諷刺地叫**所有**戰爭的終結變得不可能，相反，它令戰爭變得無可避免。和平的風聲與戰爭的風聲一樣，都是依靠相同的原則得以持續，因為兩者都同樣錯誤地為了屬世的、非終末的成就而行事。約翰．連儂（John Lennon）具人文主義精神的歌詞提到，「你若願意」（if you want it），戰爭便會終結。此歌詞誘人，也不過是因為上述相同的原因罷了。

彌賽亞的盼望（messianic hope），不是那種每個人都想得到釋放的普遍盼望；它關乎這盼望必須採取的遠象（vision）——假如它要成為上帝的終末工作之一部分。同樣，當天啟的呼聲宣告「惟有忍耐到底的，必然得救」（可十三 13），我們便知道，阻礙這種忍耐的權勢，正是那種製造戰爭的風聲的權勢，它亦無可避免地製造了偽彌賽亞。此經文的呼召反對那所製造風聲的工廠，它叫做「世界」，它急切地把前線傳來的消息傳遞開去。此呼召提倡一種終末的忍耐，知道前線不是最終決定歷史結果之關鍵。這裏爭論的焦點不是戰爭和暴力的沒完沒了，而是它們承諾施拯救。

因此，殉道者作門徒的標記，不是抵抗浮誇的烏托邦理想，而是抵抗太微小的盼望。殉道者作門徒，必指向一種必備的操練，就是抵抗那人們總是輕信的風聲。這種操練具體是怎樣的？眾所周知，尼采（Friedrich Nietzsche）認為基督教倫理本於一種自我摧毀的苦修主義（self-destructive asceticism）。[12] 乍看之下，「否定你自己」（“deny yourself”；譯註：《和合本》譯為「捨己」）的呼召似乎相當支持苦修。然而，尼采的問題是，他看不到苦修主義與跟隨耶穌有甚麼關係。在馬可福音裏，自我否定（self-denial）乃是跟隨耶穌之所以可能的條件。自我否定的訓練或操練稱為**禁慾苦行**（*askesis*；asceticism〔苦修主義〕便是源自此詞）。苦行本身並不是一種善；那些剝奪人類美好生活、歡樂、喜悅的行動，其本身並沒有甚麼值得稱讚的。只有當這些行動使人準備好忍受因著跟隨耶穌而面臨的危險，它們才值得推崇。當我們受到剝奪，只要這過程能幫助我們獲取一些更卓越的特質、更優良的品格，這樣的剝奪還是值得的。同樣，**殉道**指向的並非一種倫理，而是**禁慾苦行**所產生的結果或成果，這禁慾苦行涵蓋了一個人的整個人生、其需求，以及回應這些需求的生命樣式。[13]

有一點很重要，殉道並非不同程度的自我否定的進程之最極點，它也不是關乎最極端的苦修主義、一種更激烈的懺悔，或可以想像到的最不舒適的剛毛襯衣。反之，「自我否定」與「背起你的十字架來跟隨我」之間的關係，是方法與目標的關係，前者是達成後者不可缺少的。耶穌的道路要求我們除去某些行為模式、生命樣式、慾求、想法，這些都受到自我保護、自身安危模塑。當教會幫助它的成員接受必要的操練，以抵抗財富的誘惑；培養他們所需的想象力，以致能拒絕虛榮；培養他們的謙卑，以致能無視權力的試探；培養他們的耐性，以致他們在受到虧待時仍能等候公義得到伸張；培養他們的勇氣，以致他們能承受傷害而不藉著報復得到任何撫慰——如此，教會就堅守了它對耶穌之道的委身。作殉道者必備的德性，跟作忠心的基督徒必備的德性，沒有兩樣。[14] 也就是説，殉道不是給一小撮蒙特別揀選的信徒的特殊呼召，而是每個基督徒應有的委身，是每所教會應負的責任。[15] 即使不是每個個別的基督徒都會被殺，我們卻沒有辦法分辨誰會殉道，誰會倖免於難。即使不是每個基督徒都會以殉道者的身分為人記念，但每一所將自己的身分建立在十字架上的教會，都有責任培養它所有成員，使他們擁有必備的德性，能為基督而死。每個基督徒都是殉道者教會的成員。

假如自我否定沒有**導致**殉道，我們因此便否認殉道者受死是因為其自我否定到了極點，那麼，這種否認仍是具誤導性的。畢竟，即使殉道本身沒有內在的善（intrinsic good），我們仍可以確定，那導致殉道的自我否定仍是充足的，仍是值得的。這樣的確定，與證明殉道者的見證是真確的並不一樣；事實上，這樣的確定只會出現在某些人心中，就是那些同樣參與「訓練有素之身體」（譯註：教會）

的工作的人——這身體打從一開始就培育出殉道者。殉道者受死這事實，證明了教會的確能夠培育出殉道者。也就是說，訓練有素的生命樣式之所以可能，是出於在教會共同敬拜、禱告、服事和事奉的共同生活，這種生活識辨出自我否定那內在的善。門徒在客西馬尼園保持警醒，需靠身體的禁慾苦行，但這不是為了苦行本身，而是為了禱告。禱告以致能抗拒試探，這是操練身體的效果，但首先不是為了抗拒試探，而是為了禱告本身。這樣，自我否定之於殉道，乃是不可或缺的，雖然它並非直接導致殉道。

同樣，殺死殉道者的不是自我否定，殉道者也不是死於輕忽或自我主宰——這些更像是自殺。自我否定叫殉道者得著能力，勇敢地面對受死的處境——雖然殺死殉道者的是其他人。這樣，殉道者沒有必要殺死控告他們的人，也沒有必要殺死自己。要抗拒這兩種必然性，需要一種靈性塑造，它內在於殉道者教會的禁慾苦行——即拒絕透過暴力手段控制大局。殉道者展現的「在和平中的信心」，是一種無能的盼望（powerless hope），雖則無能，卻充滿盼望，它糾正了通過脅迫的手段保障生命的錯誤。不把和平置於險境，就不能使基督賜予的和平免遭拒絕。背負十字架的人充滿信心，一個新世界已經受造，在其中，基督的和平比起人類好戰的暴力，是更確定的實在——即使表面上看來並非如此。人類的暴力建構的是一個虛耗的幻影世界，它只能參照十字架而存在。因此，教會不單見證事實，且呈現新生命——這新生命由於基督親自啟動的新世界裏的生命而成為可能。這賜予舊世界的新生命，只能憑著應許去説服，而不能靠脅迫。殉道在舊世界裏標誌了新世界有多新，因為新世界並不倚靠那既無效又空洞的和平應許——這是舊世界的策略所保障的。

3

注目榮耀

變像的榮耀是十字架的榮耀。發出榮光的白袍，是被釘十架者之血衣的實在。此袍不是靠洗掉血漬變成白色，而是透過在血中洗滌才變白。

耶穌和門徒出去，往凱撒利亞·腓立比的村莊去；在路上問門徒說：「人說我是誰？」他們說：「有人說是施洗的約翰；有人說是以利亞；又有人說是先知裏的一位。」又問他們說：「你們說我是誰？」彼得回答說：「你是基督。」耶穌就禁戒他們，不要告訴人。

（可八 27～30）

耶穌的身分是馬可福音的核心。從祂的職事之始，那時提到耶穌身分的污鬼都被吩咐不要作聲，直到祂受審時彼拉多最終向祂提出這個問題，耶穌是誰一直是最重要的關注。身分以名字（names）及名號（titles）的形式出現，雖則耶穌的名字沒有引起爭議，但關於祂的名號的意義，卻眾說紛紜。即使馬可使用「人子」這隱晦難懂的稱號的方式令人困惑，但在此福音書的核心部分，產生最多混淆的，其實是那貌似直截了當的名號「基督」。

在馬可福音裏，有三次關於耶穌身分的主要宣告。兩次都是有一把從天上來的聲音：首先是在故事的開始，當耶穌受洗的時候（可一 11）；接著在故事的中間，耶穌登山變像之時（九 7）；另外在故事的結尾，一個站在十字架跟前的羅馬百夫長發出宣告（十五 39）。至於彼得在凱撒利亞．腓立比的認信，我們往往很容易視之為耶穌身分的真確表述。彼得提供了一個看似正確的答案，他說耶穌是基督，是彌賽亞。

> 耶穌和門徒出去，往凱撒利亞．腓立比的村莊去；在路上問門徒說：「人說我是誰？」他們說：「有人說是施洗的約翰；有人說是以利亞；又有人說是先知裏的一位。」又問他們說：「你們說我是誰？」彼得回答說：「你是基督。」耶穌就禁戒他們，不要告訴人。
>
> （可八 27～30）

在這裏，彼得正確地將自己與羣眾的見解分別開來，後者不是稱耶穌是先知，就是稱祂為施洗約翰事工的同道，又或稱祂為以利亞。彼得並不懼於使用一個沒有人提出過的關於耶穌的名號——馬可福音的讀者之所以知道這書卷是關乎耶穌基督的，是因為他們從書的標題得知（可一 1）。彼得勝過了一種恐懼，這恐懼經常箝制其他門徒，令他們默不作聲，並使他們的話題轉移到世俗之事，叫他們不敢問及真正要緊的事情。基於這些原因，彼得對耶穌作出的身分辨識，看來相當值得推崇。[1]

然而，彼得這個所謂的認信，雖然嚴格來講是正確的，卻不能真的被視為對耶穌的身分有真知灼見。彼得一發言，便立刻遭到耶穌制止：「耶穌就禁戒他們，不要告訴人」(可八 30)。彼得的錯謬在接下來的衝突中清晰可見，那衝突關乎耶穌必須走的道路——假如「你是基督」這宣稱是真確的。彼得希望上帝的國凱旋臨到，沒有苦難的色彩——但正是這特點區分了**這個**國度與其他所有國家。

彼得的話更自然聯繫到污鬼的呼聲：「污鬼無論何時看見他，就俯伏在他面前，喊著說：『你是上帝的兒子』」(可三 11)。他們都「認信」耶穌是上帝的兒子。但彼得和污鬼雖然給出了正確的答案，均得不到讚賞或恭賀。[2]反之，他們只收到保持沉默的命令(三 12，八 30)。同樣，在彼得和污鬼兩者的認信之後，馬可福音接著都分別記載門徒受到耶穌的登山邀請——這也是馬可福音僅有的登山記載(三 13，九 2)。

儘管如此，我們仍然恭賀彼得給出了正確的答案。我們喜愛說話，對沉默深感懷疑，認為寡言即意味著無知。有多少敬拜實際上是言語的促迫——一種靠著命名

（naming）來掌控事物的途徑？一個武斷的認信暴露了一種焦慮，會扼殺那內在於認信對象的要求。我們把話說得太急，為的是回避我們所說的話的含義。說話，可以**只是**說話而已。知道耶穌是誰，比起用正確的話來描述祂更意味深遠。假如彼得在他信心不足的時刻，仍能稱耶穌是「基督」，污鬼又叫祂「上帝的兒子」，那麼，教會所說的話無法充分體現這些話所表達的意義，便不令人感到驚奇。耶穌的身分不止於名字和名號所能表達的，因為名字和名號的意義與教會的用法息息相關，這些用法乃是在基督徒生活和教會之存在的背景下出現的。彼得阻擋耶穌走祂的路，這說明他希望在不付作門徒的代價的情況下，享受上帝的國的好處。

這就是為甚麼教會的身分連於耶穌的身分。[3]教會這羣體，不是自行**決定**根據上帝兒子的真正名字和真正身分來稱呼祂。聖父透過在聖靈裏的言說，創造了世界和教會，而教會的存在，有賴於聖父之子的身分。教會的存在非先於它的認信，因為它由它的認信構成；這認信不單是言說真理，而且是真誠的言說。能作出真誠的認信的人，他們言說的能力，跟他們稱自己的存在為教會的能力，是相等的。

這或許聽起來有些古怪，我的意思是說，雖然這裏討論的是耶穌的身分，但當彼得反對耶穌走祂的路時，實際上是**彼得的**身分受到質疑。一方面，彼得在那一刻不能算是門徒，因為門徒要做的只是跟隨。那些能夠聲稱自己的身分是門徒的人，是那些耶穌轉身時能看見的人。

> 從此，他教訓他們說：「人子必須受許多的苦，被長老、祭司長，和文士棄絕，並且被殺，過三天復活。」耶穌明明地說這話，彼得就拉著他，勸他。耶穌轉過來，看著門徒，就責備彼得說：「撒但，退我後邊去吧！因為你不體貼上帝的意思，只體貼人的意思。」
>
> （可八 31 ～ 33）

當彼得站在耶穌面前，他的認信明顯是出自一個沒法承受他自己所說的話之意義的人。[4] 可是這不僅是一個門徒的失誤，它更警告我們，彼得看似正統的認信，實際上把他置於教會之外。

另一方面，在那一刻，彼得甚至不能被恰當地稱為彼得。稍早前，耶穌給西門起了個新名字 —— 彼得 —— 剛好在污鬼「認信」之後（可三 16），耶穌也許是為了把自己的身分與祂的門徒的新身分相連。門徒被特別選出，專屬於祂，蒙賜予一種新的權柄。可是在這條路上，彼得的名字似乎不再適用於他。就像污鬼的情況，彼得的身分在這裏不再跟他的認信內容相關。這不是說，稱彼得的話為「認信」是錯的，但是我們不該把說這話的人稱為彼得！有膽言說關於上帝和祂的兒子之真理的人，其身分受到質疑，這是因為世上並沒有中立之地供我們站在那裏，對耶穌是誰提出見解。問題不在於耶穌是誰，問題是**我們**這羣稱祂是彌賽亞和主的人是誰。因此，當耶穌將彼得的身分連於敵對力量：「撒但，退我後邊去吧！」，這是給彼得的斥責，因他攔在耶穌面前；這也是給彼得未說出口之挑戰的回應：「**你們**說**我**是誰？」言說一個殘缺版的「認信」，竟與污鬼相關。

因此，在馬可福音裏，第二個對耶穌身分的主要宣告，不是來自彼得的。這宣告來自山頂上的雲彩，那山就是耶穌在六天後登上的山。「有一朵雲彩來遮蓋他們；也有聲音從雲彩裏出來，說：『這是我的愛子，你們要聽他』」（可九 7）。與彼得的話相反，聖父給聖子的見證是真確的，因為聖父知道聖子的身分，祂們憑彼此的忠誠維繫著相互的身分（mutual identities）。彼得不能，也不願意忠於「基督」的身分，這令他的認信變成對信仰的否定。

三個宣告都跟耶穌的死有關。在第一章，我們看見洗禮有明確的「死亡」特質，在溺斃之水中湧現——雖然雅各和約翰誤解洗禮是賦予他們權力的儀式。接近故事的結尾，耶穌洗禮的真正意義方才顯明，這出自一位百夫長的口：「這人真是上帝的兒子！」（可十五39）。在此之前，關於耶穌身分的真確宣認都來自天上；在此之前，似乎只有聖父能正確道出聖子的身分，因為除非聖子在榮耀裏完全啟示，否則我們不可能，或不太可能知道祂是聖子。登山變像的榮耀是明顯的，雖然它超越這層意義，指向十字架——這同時是出人意表的榮耀之處，顯而易見至一個地步，連敵方的百夫長也無法否認。[5]正如其他許多認信，百夫長的認信並不完整，也可說他不知其所以然。

我們往往以為耶穌的登山變像預示的只是祂的復活，而非十字架本身。無疑，變像後的基督，看起來跟我們想像中的復活的基督十分相似。但正如後文將會指出，這種看法危險地把十字架與復活分割，除此之外，它亦反映出我們過分急進地希望跳到故事的結局。再者，這樣做也違背了馬可的目的，揭露了我們嗜好勝利和權力。因為我們跟彼得一樣，希望得國度的榮耀，但不要受苦的君王；願享有復活，但不必背負十字架。問題並不在於我們在復活中看見上帝的國，或我們盼望君王的榮耀；問題在於我們看不到上帝的國乃是在君王的受苦中臨到。當我們要的是一位統治者而非一位受苦的僕人，我們就把祂的加冕典禮，誤解成祂慘遭罷黜。也就是說，教會將受王的暴政統治。正如以色列配得暴君掃羅作他們的王，因它想跟列國一樣擁有王，同樣，上帝亦任由教會擁有它的王，以表現國家的自豪感和統治陣容——國會代表、首相、總統——當教會忘了怎樣在受苦的僕人的樣式中，看見上帝的國的臨到；當教會滿足於它那狹隘的視野和無效的期盼，把列國得救的盼望放在他們的領袖身上，那麼，教會便已經選擇了它的王。

相反，登山變像正是君王彰顯為僕人之處。只有當我們的心充滿那種凱旋歸來的榮耀時，變像的經歷才是復活的異象。登山變像太容易表示勝利——當它被連於那些得勝者的形象，這些人的形象通常被平面化和簡化。但變像的基督並不直接等同復活的基督。變像的榮耀是十字架的榮耀。發出榮光的白袍，是被釘十架者之血衣的實在。

此袍不是靠洗**掉**血漬變成白色，而是透過在血**中**洗滌才變白。袍子比任何肥皂所能帶來的潔白更白：「衣服放光，極其潔白，地上漂布的，沒有一個能漂得那樣白」（可九3）。這不是老生常談，指地上的清潔劑相對來說沒甚果效；而是想指出，衣服受到完全不一樣的洗滌。衣服之所以白，不是因為它變得干淨，而是因為它成為了義。它不是經漂白，而是浸透了。[6]

無可置疑，這是一種令人恐懼的榮耀。十字架不是得勝路上的小戰役，亦非得勝的爭戰中不幸的死亡。十字架是這場戰爭本身之邏輯的重新定位。挫敗的恐懼再真實不過，但破除恐懼的辦法，不是靠將會發生的事，而是靠「恐懼」和「挫敗」本身所意味著的。當教會只以期盼的態度等待上帝的國「帶著能力」來臨時，它看不到這國度的能力已經臨到。[7]我們之所以甚難明白這一點，是因為這能力看來絲毫不像能力。將我們分開的，不是距離，而是我們的罪與不信。我們對在哪裏可找到能力的看法，明顯是錯謬的。我們無法領略上帝的國的臨到，不是因為這國度太龐大，而是因為它太小了，以致它從我們的指間溜走（其實，上帝的國就像一粒芥菜種，參可四30～32）。上帝的國沒有強烈的耀目榮光、白袍、從天上來的聲音。反之，上帝的國平凡得令人難堪。

但我的意思不是說，登山變像跟復活之間沒絲毫關係。事實上，登山變像澄清了一點：沒有十字架，我們就不能明白復活。[8] 復活的那一位的身分，正如變像的那一位的身分，只因它們跟被釘在十字架上的那一位相連，其身分方得確立，而非身分確立在先。在「你們要聽祂」的吩咐之後，是雲彩的沉默，以及耶穌的言說對象失去影蹤，因為耶穌的吩咐——就是門徒所要聽從的話——已經在稍早前，當祂描述受苦和背負十字架的呼召時說明了。

> 有一朵雲彩來遮蓋他們；也有聲音從雲彩裏出來，說：「這是我的愛子，你們要聽他。」門徒忽然周圍一看，不再見一人，只見耶穌同他們在那裏。下山的時候，耶穌囑咐他們說：「人子還沒有從死裏復活，你們不要將所看見的告訴人。」
>
> （可九 7～9）

門徒必須聽的，是斥責多於稱許。他們沒有注目於身分——就像彼得的認信所呈現的，這跟他們看不見耶穌是誰有關。登山變像既關乎聲音，亦關乎異象，既關乎耳聽，亦關乎眼見：看見耶穌得著榮耀，亦聽見這榮耀的內容。

有一點很重要，就是馬可以平行對照的方式記載彼得的話與雲彩中傳來的聲音。兩者都論及耶穌的身分，兩者聽起來都是正確的，而且在這兩次之後，耶穌都吩咐祂的門徒不要把所經歷的事傳播開去——但兩者雷同之處到此即止。耶穌防止口沒遮攔的門徒在沒有意識到自己的話有何意義時，便四處宣揚祂是彌賽亞。但是，當耶穌防止門徒把在山上看見的事傳開，那時還沒有迹象顯示他們已知道怎樣用言語表達這個經歷。門徒因懼怕而畏縮，而他們**所説**的話——再一次，説話的人是彼得——明顯不足以對應當時的處境。

> 彼得對耶穌説：「拉比，我們在這裏真好！可以搭三座棚，一座為你，一座為摩西，一座為以利亞。」彼得不知道説甚麼才好，因為他們甚是懼怕。
>
> （可九5～6）

登山變像蘊含著豐富的意涵，挑戰語言本來要完成的任務。正如我們受到試探，想藉著給事物命名來控制它們；同樣，一件徹底違反我們期望的事件，我們無法在不用暴力扭曲它的情況下言說之。

我們要歸功於基督教傳統只以「登山變像」這神祕的詞語稱呼這事件，因為這事件只能被描述而無法被解釋。彼得後書提及登山變像時清楚指出，關於上帝的榮耀的啟示，除了這事件本身，並沒有其他意義，它不提供任何解釋，亦抗拒任何闡明這事件的嘗試（彼後一16～18）。這事件可被切身體會、被見證，但它卻不屬於任何論述。登山變像指涉的，並非一個知識體系，因知識論無法窮盡這事件的深度。

彼得認信之後的沉默，與登山變像之後的沉默，屬於兩個不同的範疇。前者是斥責的沉默，後者是驚異的沉默。在路上，彼得被吩咐要保持沉默，因他說得太快，也太無節制。當彼得、雅各、約翰一起下山，他們沉默，是害怕自己的言語不足以表達自己所看見的。雖然他們被吩咐不要談論他們看見的事，直到「人子從死裏復活」，但他們並非因為這個吩咐而保持沉默。他們只是不知道要說甚麼。他們不了解何謂從死裏復活，他們解釋不了剛看見的事情。雖然新約清楚堅稱有復活這回事，卻從來沒有解釋復活到底是甚麼。就算在耶穌復活之後，教會所能做的，似乎只是敍述這件事，並披戴復活事件，使之成為可能的生活樣式。

可是，正如我們稍後將會看到，馬可福音的結尾對此發出令人不安的預告。逃離空墳的婦女們「甚麼也不告訴人，因為她們害怕」（可十六8下）。她們的沉默，就像山上那三位門徒的沉默，充滿恐懼和困惑。婦女站在空墳前——這正是教會身處的位置，她們聽到吩咐「去吧，去述說」。但是，僅僅被告知復活的意義，並不能釋去困惑。正如門徒從山上下來，被告知他們的沉默只是暫時的，我們知道他們不能在時機未到之時違背這命令，即試圖命名、掌握、解釋他們的經歷。婦女的恐懼使她們保持沉默，因為她們無法言說一些她們解釋不了的事情。如此，教會學習到它的宣教責任是敍述（narration），以及將敍述與解釋（explanation）區分開來。

有兩個理由可以說明為甚麼比起解釋上帝的榮耀，敍述上帝的榮耀是更恰當的。首先，**解釋**暗示我們過度信任釋義之能力（power of interpretation）。我們希望知道事情的意義，因為「事情的意義」涉及的，是我們的自戀，它局限於關乎我們的事物。要承認意義的圓滿超越我們釋義的能力，必先承認面對某些問題時，我們並沒有答案。上帝的榮耀不是為了我們的好處而存在或顯現的。在上帝的榮耀，以及作為這榮耀的觀眾的我們之間，沒有必然的連繫。[9]而解釋，它不是拒絕額外的問題，就是否定這些問題的重要性。任何解釋都會受它採用的詞彙限制，這些詞彙是令一件不凡的事件顯得「言之成理」的基礎，但那不凡的事件卻挑戰言語表達的能力。我們很難想像，**經過解釋**的登山變像，怎樣令其他人心裏產生同樣的恐懼，就是那緊抓門徒的恐懼。然而，**述說**（telling）這故事，卻能邀請沒有親身經歷此事的人，進入這奧祕，有分於這故事，成為當中的角色。

敍述比解釋更恰當的第二個理由，是解釋事件會令這事件變成可被取代，至少在原則上是這樣。解釋主張的是，上帝榮耀之顯現所傳遞的，也可以通過其他事物傳遞；它也主張，傳遞的內容比上帝的榮耀更佳。結果，上帝的榮耀被貶至知識論的水平，與知識論中所有其他認知和發現知識的途徑同等。[10]舉例來説，如果上帝的榮耀解釋了上帝的偉大，我們會相信上帝的偉大，而不面對祂的榮耀；假如上帝的榮耀解釋了耶穌的權能，我們會知道祂有權能，但仍可能不「聽從祂」。若認為登山變像的「重點」只是傳遞資訊，這想法是不充分的；視之為新知識的傳授，也是不充分的。但我們面對一個很大的試探，即把門徒想像成深奧的洞見、隱祕的知識的受眾，有能力傳達一個獨立自存的解釋，與那些曾見證主的榮耀的人無關。這是諾斯底主義（Gnosticism）的異端邪說，它缺乏跟隨的救恩，缺乏見證的知識。耶穌變像不是為了立論，而是為了令三個門徒成為見證人。彼得後書明確提到這一點：使徒傳給教會的，並不是資訊（「乖巧捏造的虛言」，參彼後一16），而是耶穌基督的權能和臨在本身，因為使徒是祂榮耀的目擊證人。當然，使徒談到他們曾見過的事物時，便由目擊證人變成敍述者（narrators）。

除了要分辨敍述與解釋之外，我們亦必須明白目擊證人的陳述（eyewitness account）的重要性。假如目擊證人成為了敍述者，這只因為他們無法訴諸於更廣為人知的範疇。他們述説故事，只因為他們不能把自己看見的事物的意義，以普遍的自然律、一般的人類行為，或歷史事件的標準流程來表達。這令目擊證人有別於另外兩類證人，按照司法詞彙，這兩類證人是：人格證人（character witness）及專家證人（expert witness）。

人格證人把有關事件置於一個更大的框架。這類見證有助於決定——鑑於被告曾做過的一連串其他事情——被告是否那種會做某類事情的人。與目擊證人不同，人格證人對於當前討論的案子(例如謀殺、偽造遺囑、店鋪盜竊)一無所知，但對於那位涉案的被告，卻知道一些關鍵的資訊。然而，關於耶穌登山變像的知識，是不可能經這類見證獲得的。令人感到困惑的，正是耶穌的身分，它有待澄清和揭示。很諷刺地，登山變像的人格證人，不會需要登山變像。如果我們把耶穌理解為受苦的僕人(Suffering Servant)，而不是因著「基督」這貌似準確的名號而誤解祂的身分，那麼主的榮耀，有可能會隱而不宣——但這只因它已被看見。假如耶穌已經被清晰地「看見」是聖父——律法與先知所指向的父——的聖子，那麼祂並不需要讓人看見祂在圓滿的榮耀裏與聖父同在，又有摩西和以利亞在一起。

另外還有專家證人。如果說目擊證人了解具體特定的事件，而人格證人了解相關人物，專家證人則對這兩方面都不甚了解。專家證人了解的是某類案件通常怎樣發生——例如這種手槍會否產生那樣的彈孔，這種藥物會否產生那類效果，這種行動會否由那樣的心理偏差產生。可是，正如人格證人對耶穌的身分感到困惑，同樣，專家證人的證供也無關宏旨，因為耶穌的獨特性(uniqueness)並不受限於一般評估。耶穌不能被理解為其他事物的一個案例，祂完全不受限於現成的階級和分類。正如阿奎那(Thomas Aquinas)所指出的，上帝不是一個種類(genus)。關乎耶穌的事件，是一次性事件。在登山變像中，聖子被顯明是聖父之子，三一論有助推測這關係，但這關係卻非三一論的成果。聖父與聖子之關係，只能透過耀目的白袍和雲彩裏發出的聲音得知。沒有人是這方面的專家，因為這些事物並不指涉任何更明確的知識體系，更基本的理論，或更顯而易見的事實。

沒有專家可取代眼見(seeing)。目擊證人的價值，在於他們能報告事件的細節(你聽見一次槍聲，還是兩次？)，而專家證人則有助我們弄明白這些細節的意義(那兩次射擊不可能來自這種手槍，也就是說，可能有兩支手槍涉案，或者是目擊證人聽錯了)。但「弄明白」本身亦是一個試探，它追求一個無效的見證，就是想要一般的專門知識，多過想要特定事件的知識。

然而，教會並不像使徒那樣眼見此事，它在認信耶穌是基督一事上，處於一個奇特的位置。教會十分重視目擊見證的權威，這並不是為了回應它的懷疑，而是藉此肯定基督教信仰的歷史意義。這亦再一次指出福音不僅是一系列永恆的真理；耶穌不是一個符號，代表另一更基本的實在。耶穌的受苦拒絕被一般詞彙建構，例如，祂的受苦代表了人類的受苦、痛苦、團結。

但是，若我們以為十字架**無關乎**人類的受苦、痛苦、團結，便是錯的。問題是，十字架根本就不是上述概念的實例，特別是當我們對這些概念的理解，乃是無關乎十字架本身。十字架轉變了受苦的意義，而不僅僅是受苦的一個例子。同樣，登山變像作為十字架的一個異象，沒有「告訴我們」十字架是聖子榮耀的巔峯，而是重構了「何謂榮耀」。簡言之，登山變像所做的，是轉變。登山變像沒有終止人類的痛苦，但它應許痛苦的意義不會由施加痛苦的人全然決定；它在耶穌這位僕人的生和死裏，捕捉到受苦的創造力（creativity of suffering）——祂出於對世界的愛和對聖父的順服而甘願受苦；它顯明創造並非在遠古已完成，而是在救贖之中一直延續，這是關乎那些我們稱為自然的事物和上帝稱為美好的事物的救贖。

這就是殉道者之死所指向的。當學者爭論耶穌本人是否一位殉道者時，我們必須說不——假如我們假設**殉道者**指的是單一明確的範疇——它的意義是鮮明的，它的內容在那三位門徒作見證之前已為人所知。如此，我們不可能把耶穌辨認為殉道者的一個**例子**，因這概念包括一眾其他典範。[11]這種看法根據一種道德教訓——例如全然接受我們的信仰帶來的後果，或不惜任何代價持守我們的信念——去理解十字架之工。可是，這樣做犯了兩個錯誤。首先，殉道的概念被置於論述領域（realm of discourse），與殉道者之所以受苦的信念之內容相距甚遠，這錯在把形式與信念之內容分割開來。讚美的重點於是變成：殉道者受死，蒙那些與殉道者有著相同信念的人記念。在教會生活裏，當基督徒將基督的十字架與復活，和祂的生平、教導、職事分開，這錯誤就會產生。這是個常見的危險分裂，它在破壞「那位傳福音給窮人的耶穌」和「那位拯救靈魂的耶穌」兩者之間的關係。如此，「肯定耶穌的死**是殉道**典範」，取代了「識辨耶穌的生和耶穌的死之間的連貫性」。

第二，當十字架被理解成關乎持守信念的道德教訓時，這假設其他為著相同信念受苦和受死的人，在相同的意義上，跟耶穌一樣是殉道者，這令耶穌成為眾多基督教門徒中之一員——雖然祂可以被視為門徒中最先、最重要、最觸目的一位。這假設所有隨後出現的殉道者，他們的死都和耶穌的死一樣，是為了自己的信念而死，雖然門徒亦可能認為他們是「為祂而死」——這可理解為代表祂或因著祂而死。但是，這樣便誤解了殉道者怎樣有分於基督的死，結果令教會成為一個只擁有過去的豐功偉績之記憶的羣體——雖然它是保持著安全距離地如此行。它只是表面上把過去延至現在，因為它幾乎沒有倚靠忠於信仰的當代信徒對教會集體回憶的參與。其實，教會的生命乃存活於對基督的死恆常的參與，因此產生了殉道者教會。它透過洗禮有分於基督的死，當它擘餅時更新之。它承認自己的存在的弔詭之處：它的生命是**由死亡所造的**（death-made），它擘開的餅有無窮的創造力。它堅稱耶穌不可能是第一位基督教殉道者，因為除了那些受基督的死（die the death of Christ）的人，世上根本就沒有基督教殉道者。[12]

因著這些原因，當學者追問耶穌是否殉道者時，答案是肯定的——假如教會能在它眾多殉道者之中辨認出耶穌（教會應當如此行）。只要教會從耶穌身上探索「甚麼構成殉道」，而不是先入為主地認定要為某些因由而死，那麼它就能在它眾多殉道者之中辨認出耶穌。[13]耶穌穿戴的樣式，是啟示錄中殉道的教會的樣式，但這並不是因為白色是所有殉道者穿戴的顏色——他們的衣服被自己死亡時所流的血洗淨。當我們從基督的十字架探索，就會發現，教會的殉道者穿戴白袍，是因為他們的死有分於耶穌的死，他們流的血就像是耶穌自己所流的血。耶穌不是眾殉道者中之一位，不是云云基督教殉道者中的首位，祂乃是殉道之所以可能的條件。因此，否認耶穌是殉道者，會導致一個令人無法接受的結論：所有基督教殉道者，受的是他們自己的死，流他們自己的血，他們只是「因」耶穌而死罷了。

要辨認出耶穌是基督，不能脱離祂經歷到的生與死。殉道者是那些知道當他們用此名號形容耶穌的時候，它意味著甚麼的人，因為他們自己的死可說是對應著耶穌的死。也就是説，當基督的意義失卻了，殉道者的死便再沒有意義，甚至對於那些聲稱自己是基督徒的人而言，也是如此。

4

逃避十架

榮耀之杯正是羞辱之杯，
救恩之杯正是受死之杯。

彼得說：「眾人雖然跌倒，我總不能。」

耶穌對他說：「我實在告訴你，就在今天夜裏，雞叫兩遍以先，你要三次不認我。」

（可十四 29～30）

假如耶穌登山變像是為了澄清祂的身分，而十字架是榮耀彰顯之處，那麼主的門徒在客西馬尼園落荒而逃的事實，便顯出他們大大誤會了前兩者。門徒的落荒而逃，說明他們不願意跟隨耶穌走向十字架。

這事件緊接著最後的晚餐發生。雖然門徒全都有分喝主的杯——即立約的血——他們卻沒有深深地喝這杯。他們沒有喝的杯，是耶穌曾在園中祈求父挪去的杯，就是受苦和受死的杯。門徒沒有洞悉到契合的杯和受苦的杯實際上是同一回事：契合的杯（the cup of fellowship），意味著殉道者教會——基督破碎的身體——之中的相交契合；榮耀之杯正是羞辱之杯，救恩之杯正是受死之杯。當他們面臨失喪生命的可能，以此重獲生命的應許時，他們選擇以自己的辦法保障自己的命途，不跟隨耶穌走向十字架。

他們吃的時候，耶穌拿起餅來，祝了福，就擘開，遞給他們，說：「你們拿著吃，這是我的身體」；又拿起杯來，祝謝了，遞給他們；他們都喝了。耶穌說：「這是我立約的血，為多人流出來的。我實在告訴你們，我不再喝這葡萄汁，直到我在上帝的國裏喝新的那日子。」他們唱了詩，就出來，往橄欖山去。耶穌對他們說：「你們都要跌倒了，因為經上記著說：我要擊打牧人，羊就分散了。但我復活以後，要在你們以先往加利利去。」彼得說：「眾人雖然跌倒，我總不能。」耶穌對他說：「我實在告訴你，就在今天夜裏，雞叫兩遍以先，你要三次不認我。」彼得卻極力地說：「我就是必須和你同死，也總不能不認你。」眾門徒都是這樣說。他們來到一個地方，名叫客西馬尼。耶穌對門徒說：「你們坐在這裏，等我禱告。」

（可十四 22～32）

在客西馬尼園之前，跟隨的意思是指在嚮導的帶領下前往耶路撒冷。只要嚮導一直以自己的權能引導，門徒即使困惑，依然擁有一定程度的信心跟隨主。這條路通往某處，是一個遙遠的目標，但我們假設這是值得期待的。然而，門徒所無法贊同的是，這樣的跟隨只是為響導不再以自己的權能作帶領之時作好準備。門徒無法了解，其實這條路從園子一直延至十字架。他們無法想像「跟隨我」是一個永不止息的呼召，而在園子裏的那一夜，當兵丁的隊伍包圍他們的時候，這呼召尤其適用。

有一個值得探討的問題，就是當羣眾前來捉拿耶穌的時候，門徒該做些甚麼？他們該如何回應，才算是順服耶穌和重視他們和耶穌之間的友情（friendship）？門徒似乎看見兩種可能：戰鬥（fight）或逃命（flee）。關於戰鬥的回應，最鮮明的示範，出自站在旁邊，抽刀砍掉大祭司僕人耳朵的那人。

> 旁邊站著的人，有一個拔出刀來，將大祭司的僕人砍了一刀，削掉了他一個耳朵。
>
> （可十四 47）

這件事代表了一個更普遍的試探，就是想以暴力的手段拯救耶穌，保護祂免受傷害。教會不斷重蹈覆轍，試圖不靠上帝的行動來保障上帝的公義，並誤會上帝施行的報應並不足夠。假如我們真要為了甚麼而戰鬥，我們肯定是為了耶穌的緣故，我們想保護祂免受不公義的對待，維護祂的聲譽，擊敗祂的敵人。這點不單被用來合理化十字軍的行徑，被用來合理化奉上帝之名動武攻擊自己的對手，它亦常被用作宗教理據去支持各種戰爭。保護無辜者似乎是值得推崇的做法，並且是基督教的愛和公義要求我們如此行。當有人受到誣告，我們認為伸出援手顯然是義務，就是那些學習愛上帝的創造、稱之為美好的和尋求義的人的義務。戰鬥似乎是不可或缺的，這不單因為我們是人，更因為我們是基督徒。

結果，我們很驚愕地發現，只有那些**沒有**跟隨耶穌往十字架的人，才是真的能拯救祂的人。惟有那些認為暴力可以達至好結果的人，才能為耶穌想像一種命途，這命途比起作為上帝僕人而受苦好得多。惟有那些佩帶刀劍的人才能使用刀劍。可是，在馬可福音裏，那些佩帶刀劍的人並不是耶穌的門徒，而是兵丁和捉拿耶穌的羣眾（可十四43）。關於那個砍掉人家耳朵的人，馬可並沒有向他的讀者透露這人的身分，這跟約翰的處理方式不同。這人到底來自羣眾還是聚集的門徒，讀者並不太清楚。但是，在敵對羣眾的同時，他也同樣與耶穌敵對。他襲擊來捉拿耶穌的羣眾，清楚顯示他是敵對兵丁的。但他在某種意義上亦在敵對耶穌，因他抵觸了耶穌非暴力的路線。其實羣眾大可以在光天化日之下，當耶穌在聖殿裏教導人的時候捉拿祂；黑夜既遮掩了耶穌的行動，也遮掩了祂敵人的行動。

門徒沒有在園中以禱告預備好自己。假如他們像耶穌那樣祈禱，他們會像耶穌那樣回應被捕，既不戰鬥，亦不逃命，而是背起十字架，跟隨耶穌。[1]那些曾看見變像的耶穌穿著光芒四射的袍子的門徒，並未準備好穿上同樣的袍子。正如他們因施洗約翰被處死而誤解了以利亞的命途（因為沒有人想過以利亞會受死），同樣，他們亦因耶穌被捕，而錯誤識辨人子所面對的危機。被捕與十字架的關連實在太顯而易見，而被捕與榮耀的關連，對於那些無法看見十字架等同榮耀的人來說，卻顯得不可思議。還有，祈禱對於這種人並不是必要的，因為他們既沒有煩惱，試探也不見得是甚麼問題。[2]

鑑於此，我們必須明白，為甚麼戰鬥不可能是個選擇。這不僅因為耶穌必須被釘死乃是上帝計劃的一部分，更因為戰鬥不是耶穌的道路，也不是祂期望門徒要走的道路。然而，我們往往會假設耶穌是個特殊例子，為了保護祂而戰鬥可能是錯誤的，但這並不代表我們為了保護其他人而戰鬥也是錯誤的。我們假設耶穌必須死，但其他人則不然，因聖子順服聖父，其行動與那些被稱為上帝兒女的人的行動，屬於不同的範疇。耶穌非暴力的路線，乃是祂使命的一項職責，其本身並不構成一種倫理。這種立場有兩個問題。[3]

第一，這看法假設耶穌其實並不期望基督徒效法祂的榜樣。有些神學家聲名狼藉，他們聲稱耶穌不是上帝的兒子，祂只不過是位道德教師。可是，假設耶穌不期望祂的追隨者效法祂的榜樣，則使祂連道德教師也不如。當耶穌的形而上獨特性（metaphysical uniqueness）變成祂受制於另一套倫理的理據，這樣，受損的不是基督的神性，而是祂的人性。耶穌被描繪成超乎常人，是超人（superhuman）。這是以道德形式出現的一種異端邪說——幻影說（docetism）。但新約申明，基督徒之愛的基礎，是基督的榜樣，這恰好關乎祂拒絕讓自己的形而上獨特性賦予祂自己特權（腓二章）。祂不凡的存有變得全然平凡，好叫祂的生命真是人類的生命，而**非**帶著不凡的倫理議程的生命，受制於旁人無法效法的道德原則，持有前所未有、非人所能及的成就。基督徒必須彼此相愛，**因**

為——而非縱使——基督成了僕人。謙卑是一種效法的樣式。同樣，新約申明耶穌是「為你們」而受苦，祂的受苦同時也是人效法的榜樣。

> 你們蒙召原是為此；因基督也為你們受過苦，給你們留下榜樣，叫你們跟隨他的腳蹤行。他並沒有犯罪，口裏也沒有詭詐。他被罵不還口；受害不說威嚇的話，只將自己交託那按公義審判人的主。
>
> （彼前二 21～23）

耶穌被捕時並沒有抵抗，這不僅因為祂是一個為世界的緣故而必須執行的計劃裏的例外情況。這可能是正確的，但關於這會否以及如何影響基督徒的生命，卻存在令人誤解的風險。這可能會使我們認為，耶穌的榜樣與基督徒的生命毫不相干，因我們認定了，就基督徒應表現的標準行為而言，耶穌是個例外情況。另外也可以這麼說：若耶穌在被捕時作出抵抗，祂可能會避過十字架的死刑，但這卻損及我們的安危。可是，根據那種認為十字架必然會發生的邏輯，上述看法不僅歪曲事實，也許更重要的是，逃避十字架根本就不是上帝的道路。聖子順服聖父以至於死，因為祂以聖子的身分愛聖父，因此祂像聖父一樣忠誠；這不是因為聖子受制於執行一個獨立自足的安排，為了完成一些預設的事件。

第二，假如耶穌是一個例外，只有祂才暫停戰鬥，那麼基督徒的殉道將不可能出現。如此，那些因為跟隨耶穌不抵抗的榜樣而受死的基督徒，教會應該把他們當作傻瓜、睜眼妄想的夢想家予以記念，這些人天真又不幸，不假思索地理解耶穌的話。殉道者沒有為基督的福音作見證，他們只為自己作了見證。同樣，如果有些基督徒受死，是因為世界憎恨他們的見證，這等信徒亦不能算是參與了基督的死，因為只要基督是一個例外，祂的死就容不下任何人參與的可能。若十字架是一孤立事件，它的意義只來自一個計劃，這計劃只為一個不凡的人所設，也只由這個不凡的人所成就，如此，我們便沒有其他十字架要背負了。這樣便會導致一個使人無法接受的結論，這點我們在前面已經提過：殉道者受他們自己的死，與基督的傷痕和受苦無關。

然而，最終，所有門徒都逃離現場。那裏沒有變成造反者持暴叛亂的場所——一種可能雙方都害怕出現的場面。在一陣騷亂之後，現場空蕩蕩的，門徒逃往一方，捉拿耶穌的人與耶穌則走向另一方。假如門徒認為他們只有逃命或戰鬥的選擇，教會亦同樣受困於這兩個選擇之掣肘。[4]教會的想像力亦同樣受到限制——當它以為自己不是必須拯救耶穌，就是丟下祂獨自應戰。兩個選擇均受困於武力和暴力的邏輯。兩者都假設，沒有甚麼事情是暴力成就不了的。對於參與戰鬥的人，戰鬥顯而易見是控制未來事件的工具，是使歷史走向正途的方法，是十字架之危機的答案。鬥士想要國度的榮耀，但不要僕人君王。同樣，逃命者也相信暴力在歷史中具決定性的地位，只是他們撇棄歷史，將之讓給使用暴力的人。那些逃命的人，通常只在勝算在握的時候才會戰鬥。與其說他們是懦夫，不如說他們是現實主義者。[5]勇猛地砍掉大祭司僕人的耳朵的那個人，肯定也逃之夭夭了。早在他們作出逃命或戰鬥的決定之前，歷史已被拱手相讓予暴力的權勢，因為這兩種回應都符合暴力的邏輯。

然而，正如客西馬尼園裏的門徒，教會應以禱告預備自己面對危機來臨的時刻，這正考驗它跟從耶穌，甚至走向十字架的決心。既非逃命亦非戰鬥，殉道者教會的特色是跟隨。耶穌喚醒沉睡中的門徒，祂說：「起來！我們走吧。看哪，那賣我的人近了」(可十四42)。耶穌希望祂的門徒在祂被賣時跟隨祂，希望他們徹夜禱告作好準備，分享這受苦的杯，一如他們分享契合的杯。禱告中的教會，是預備迎接危機的教會，但教會亦明白禱告不止於此。基督徒的禱告，它本身就是一種跟隨的行動——只要教會一直效法耶穌祈禱的方式學習禱告。當耶穌禱告，預備自己順服聖父的旨意，祂的祈禱本身就是順服的行動。同樣，基督徒並非只是事先展現一些順服的儀式，而是他們的順服本身已經是效法基督的儀式表現。也就是說，透過禱告效法客西馬尼園的耶穌，跟在受苦中效法耶穌，兩者密不可分。

在馬可福音中，拒絕那二元選擇——戰鬥或逃命，只由兩個事後繼續跟隨耶穌的門徒代表，縱然他們的跟隨並不全心全意。首先是那個少年人，在其他人都撇棄了耶穌並逃命後，他仍然跟隨耶穌；其次是彼得本人，他「遠遠地跟著耶穌」。

> 門徒都離開他，逃走了。有一個少年人，赤身披著一塊麻布，跟隨耶穌，眾人就捉拿他。他卻丟了麻布，赤身逃走了。他們把耶穌帶到大祭司那

> 裏，又有眾祭司長和長老並文士都來和大祭司一同聚集。彼得遠遠地跟著耶穌，一直進入大祭司的院裏，和差役一同坐在火光裏烤火。
>
> （可十四 50～54）

那個少年人跟隨耶穌，導致他像耶穌一樣被捉拿——雖然他在那一刻還是逃走了。其他人在稍早前已離棄耶穌，逃之夭夭，這不僅顯出他們沒有與耶穌運動團結一致，亦顯出他們相信這運動已被摧毀。那捉拿耶穌的兵丁和逃走的門徒，都當耶穌是一名暴力的叛亂者。前者認為他們需要武器來捉拿耶穌，後者的表現證明前者是正確的。可是雙方陣營中倚靠武器的人，都不了解耶穌是一位怎樣的君王。他們把耶穌與羅馬或羅馬的敵人、聖殿和聖殿的敵人，放在同一個政治範疇。但某一個政權的敵人，顯然往往是該政權的鏡像（mirror image）——此政權的革命策略、革命之工具、其「新的」政治哲學，都需要一個可預期的對立面，對於這類反抗，它早已準備妥當了。[6]

假如我們假設，當權者只想捉拿耶穌，而非祂的門徒，因此得出結論「門徒不必跟隨耶穌往十字架」，那麼，這個假設便無分於耶穌運動的邏輯。耶穌預言這句話會成真：「我要擊打牧人，羊就分散了」(可十四27；比較亞十三7)，但這句話只是純粹描述一套邏輯，它關於如何平息一場政治叛亂，這叛亂倚靠的是以往所用的權力和暴力。它反映的，乃是一種工具式跟隨(instrumental following)，由勝利的一方實踐——但他們只是看起來是勝利的一方。領袖被捉拿，即意味著運動的終結，因為對這些運動而言，君王的犧牲與新王國的建立，是矛盾的。領袖喪失權力，代表跟隨者已失去希望——當他們理所當然地認定這位領袖的權力就是他們的希望，只有領袖免於被捕，他們才能繼續造反，而領袖在戰爭中獲勝，便等於他們有分於那個得勝的新政府。

在耶穌被捕之後跟隨祂的那個少年人，隨即被捲入殉道的意象之中。他身上穿著後來很快掉落的那塊麻布，在亞利馬太的約瑟手中重見，被用來包裹耶穌的屍體(可十五46)。對於那個少年人，這塊布預示他將有分於基督的死，因他一直跟隨耶穌，穿過園子，走向十字架。這塊布，原本可以指向他拒絕撇棄耶穌，不任祂獨自受苦，以及相信國度乃是在順服和犧牲的榮耀中降臨。但他在被捉拿時丟棄了這塊麻布，這顯明這個少年人不願被捕、受審、受死。毫無疑問，他若被捕，即意味著他會喪命，正因如此，他必須在那一刻捨棄那塊麻布。某些學者把這少年人當成馬可本人以配角的身分出現，這種解讀忽略了馬可在這一幕製造的文學效果，亦錯過了這少年人在空墳墓再次現身，那時他身穿殉道者的白袍（可十六5）。我將會在第六章討論這點。然而，在這裏，那個少年人成功脫身，他不可能經歷到殉道。

此外，一個門徒所捨棄的麻布，是這門徒的羞恥。本想成為耶穌的跟隨者的人，卻赤身逃走了，來自與基督之死團結一致的尊嚴因此被剝奪。當教會無法想像自己或會受那樣的死，它不僅不再跟隨基督，並且因此而赤身和蒙羞。它把被誤會和憎恨的風險留給耶穌自己，拒絕與之有分。教會把耶穌交出來受苦，相信受苦只為祂存留。它會為著耶穌在十字架上犧牲而感恩，但若有其他人「為我們」或「代替我們」死在十字架上，它會更感恩。教會在客西馬尼園裏酣睡，不明白它將會受到呼召——拒絕作戰也拒絕逃命——因為作戰和逃命是自然而然的反應，並不需要禱告。這樣的教會沒有跟隨，它丟棄麻布，又為自己的行為辯護，認為跟隨耶穌所需要做的，他沒有一樣不遵守。這是不必付代價的基督徒生命，風險甚低，危難從眼前消失無蹤，要求被相應調低。

叫教會蒙羞的是，它毫不猶豫地丟棄它的麻布，卻保留自己的身體。另一種說法是，它讓人打了一邊面，卻沒有讓人打另一邊；它寬恕人家七次，卻沒有第八次；它把外衣給人，卻保留了披風；它跑了一里，但拒絕走第二里。為了有備無患，它存留了稀有商品和有限資源。當教會以一種保障模式換取另一種保障模式——就是以一件麻布的尊榮換取身體的自由——它便會提早達至它的基督徒生命之極限。在這裏，衡量基督徒作門徒的標準，乃是一個有界限的經濟體系，它受限於一個嚴格的界線，一旦跨越則令人焦慮，那界限名為恐懼。它以自保為由，遺棄某些事物，保留某些事物。那個少年人走得比其他人要遠，是因為他丟棄了他的麻布，但他受不了要放棄他僅剩的東西——他的身體。

相反，殉道者教會慷慨地犧牲它的身體，它知道它的身體一向都是基督破碎的身體。教會透過忠於此身體，學習抵抗撇棄耶穌的試探。它在設立主餐的房間裏排演園中的一幕，教會的肢體一同進餐，分嘗同一個餅，如是者形成一個身體。教會的身體，就在主餐的餅被擘開、撕碎、吸收之時建立。就像洗禮那樣，聖餐禮不僅裝備基督徒面對死亡，也形塑一羣不受恐懼所困的新生命。[7]

最後的晚餐剛好在園中的試探之前出現，並非出於偶然。教會的存在，早於它個別成員的存在，這使他們擺脫個別的死亡所帶來的迷茫和無常。隨著懼怕死亡而來的限制，變得微不足道，它不過是叛逆的權勢在虛張聲勢，它所能掌控的範圍，只停留在那些沒有參與聖餐禮的人的焦慮。透過有分於基督的身體和血，教會在它的生命**裏面**有分於它的死。也就是說，教會的生命顯然先於個別門徒的生命，因為早在門徒受死之前，門徒的死已被納入基督的死。

這可能再一次令殉道顯得不必要甚或不可能。畢竟，假如門徒的死已被納入基督的死，門徒看來便沒有理由要死。是的，假如他們不能透過他們的死成就任何事情，那麼門徒的確沒有受死的**理由**。可是，這並不足以阻止門徒成為殉道者，因為殉道者不是為了某些「理由」而死（這點將會在後面討論）。再者，我們可以在這裏了解一下救恩。救恩不是殉道者之死的結果，但這不是因為基督徒蒙拯救而倖免成為殉道者，而是只有那些透過他人之死而蒙拯救的人，才有可能成為殉道者。[8]基督教的殉道者並沒有嘗試成為殉道者，彷彿有甚麼重大的事情是他們的死能導致或產生的。這樣想，只會助長一種最普遍的幻覺：我們能拯救自己。這種看法只會叫我們感染到異教徒的焦慮，因為他們的神明不能賜予永恆的生命。殉道者的死**只是**給基督的死作見證，正如一位活著的門徒給基督作見證。不像那些站在遠處，安全地觀望基督被釘十字架的人，殉道者給福音真理作的見證，不僅是言語上的肯定，他們更親身經歷自己所宣揚的福音所涉及的同樣命途。儘管殉道者已死，但他們的見證「仍然活著」，這便是基督徒稱之為復活的神蹟。

因此，重點不在於基督徒的死因著基督的死而變成不可能，莫名其妙地只剩下不復存在的個體那孤立的碎片。我們要確定的是，當基督徒受基督的死，他們能如此行，是因為他們已經將自己的死交託給教會持續不息的故事和生命。聖餐禮標誌著准許那些分嘗聖餐的人述説各人的生命和死亡的故事，作為教會的見證。有分於基督之死的個體之死，蒙應許成為教會見證的一部分，不像那些原本對生命有更高期望的人般，最後只剩下希望落空的虛無。

此外，當教會有分於基督的身體，它慶賀所擘的餅是源源不絕的。它相信，耶穌分餅的神蹟，會延至死亡與新生的神蹟。擘開和分發，並不意味著浪費和貧窮；分發並不意味著會減少；吃喝並不意味著會耗盡。餅的捨棄就如生命的捨棄，其捨棄是無限制的——它擁有復興的應許。教會分發它的餅，正如它獻上自己的身體——存著復活的盼望，即教會的共同生活因著資源的補給而更新，並且透過同樣的神蹟，在它向世界所作的見證中，它受苦的成員得以存留。「我們擘開這餅，與基督的身體有分」，這宣告首先承認了它的共同生活的脆弱。當世上的權力要摧毀它的合一或傷害它的肉身，教會並非百毒不侵。但憑著上述宣告，教會認信，擘餅不會導致無餅，殉道的成員不會是沉默的成員，而它的脆弱會遇上復活的應許。它並不拿軟弱換取權力，或停止分餅，好支撐自己剩餘的力量。反之，教會更自由自在地付出自己，以至它對「聖父向聖子所顯的忠誠」的記憶，實現在它每一刻的存在之中。

透過結合和參與，靠基督的身體餵養的個別身體，不再屬於個別門徒，而是屬於教會。只有當那名為死亡的恐懼，繼續成為該怎樣生活的抉擇基礎，失去才會出現。但當我們的身體與教會結合，即明確指出，依照死亡的邏輯而活，根本無法存活。教會並沒有得到批准，在捨棄外衣的情況下仍能保留它的身體，因它只有捨棄生命，方能得到生命。正是這點顯得格外諷刺，因為對那個少年人而言，嘗試保存身體，卻無可避免地意味著，他將與那羣體隔絕，這個羣體乃屬乎那最具決定性之身體——雖然**這個**身體乃是持續不息地被擘開和置諸死地。門徒捨棄生命，乃是透過參與十字架那破碎之餅，這是殉道者教會的命途。

我們很容易會認為十字架只是為耶穌而設，其中一個理由是，這是福音書記述的實際情況。門徒**的確**撇棄了耶穌，一直到祂復活後才跟祂重聚。他們從園中逃跑，但似乎仍在附近守候著。我們往往受到試探，以為事情實際怎樣發生，就意味著事情應該怎樣發生。我們很容易會想，整個計劃一直都是耶穌預備要經歷某些可怕的事，只有祂在客西馬尼園中禱告，準備面對它：只有祂注定被捕、被責打、背十字架，並且在十字架上淌血。如此，門徒是這些事的見證人，因為他們眼看著事情發生，而非與他們的主一起受難。他們不是一羣跟隨者，而是一羣旁觀者。在馬可福音裏，惟一分擔了基督十字架的人，是古利奈人西門，他是因為受到羅馬人的強迫才如此行（可十五21），但他卻代表了門徒沒有背起他們的十字架，因為他像其他門徒一樣，並沒有死在十字架上。

假如十字架不是為門徒而設，我們也許會想，耶穌到底期望門徒在園中祈求甚麼？耶穌吩咐他們，要警醒禱告，避免墮入試探（可十四 38）。當然，他們的試探正是他們最終真的做了的事情：沒有跟隨主被捕。他們的任務不僅是為耶穌站崗，守護祂與聖父的重要交談，而是他們也要向聖父禱告，好叫他們有能力與聖子分享苦杯。耶穌稍早前的問題「我所喝的杯，你們能喝嗎？」（可十 38 上）所得到的，只是表面肯定的答案。門徒遇到的試探，是把這杯跟榮耀相連，故此沒有禱告以抵抗逃避苦杯的試探。這種失敗的其中一個情況，就是認定苦杯永遠只為耶穌而設。

以福音書的習詞來說，殉道者跟基督一起受祂的死。可是，門徒在園中撇棄耶穌的故事清楚指出，沒有人真的這樣做。在十字架前，沒有忠誠的教會——這正是十字架本身所受之苦的一部分。聖子不僅跟聖父分離，教會也不忠於聖父的聖子，聖子被完全撇棄。教會是一赤裸的身體，連一件本可成為義袍的外衣，也被騙走了。再者，由於聖子跟聖父分離，教會失去了通往上帝的途徑，而且令它羞愧的是，它也不能親近聖父，因為它沒有站在聖子的一方。離了聖子，沒有路可通往聖父那裏。

5

遙距觀望

教會若沒有親自參與十字架的苦難，就沒有資格把十字架解釋成得勝的符號。但如果教會以為，是因為它參與了基督的受苦，才使十字架變成得勝的符號，這是個更大的錯誤。

「要我給你們做甚麼？」

「賜我們在你的榮耀裏，一個坐在你右邊，一個坐在你左邊。」

「你們不知道所求的是甚麼……」

（可十 36～38）

我已反覆強調，十字架是榮耀的巔峯。十字架沒有使國度降臨的盼望落空，因為十字架本身就是國度的降臨。假如這種說法是正確的，那麼耶穌在三個門徒面前變像時，我們已經在當中看到十字架。在山上，那三個門徒見證此事，卻不明所以，所以後來他們因誤解而無法作見證。逃命，意即他們沒能跟耶穌同釘十字架。撇棄主，意味著他們失去了完成旅程的機會——就是那使他們成為基督榮耀之見證人的旅程。當耶穌進入榮耀時，門徒不再是祂的同伴，因為他們不明白十字架和榮耀有甚麼關係。正如他們經常在路上遠遠地跟隨耶穌，有些跟隨者亦同樣遙距觀望耶穌被釘死在十字架上。這兩種情況，都顯示門徒不明所以，所以他們的跟隨充滿掙扎。

在馬可福音裏，失明經常象徵著誤解。門徒無法明白餵飽數千人的神蹟的意義——「你們還是不明白嗎？」（可八21）——緊接著的就是關於耶穌醫治一個瞎子的記載。同樣，雅各和約翰的請求所呈現的誤解，與一個瞎子的視力形成對照，因此，也與他們的理解和信心形成對照：

「要我給你們做甚麼？」
「賜我們在你的榮耀裏，一個坐在你右邊，一個坐在你左邊。」
「你們不知道所求的是甚麼……」

（可十36～38）

「要我為你做甚麼？」
「拉波尼，我要能看見。」
「你去吧！你的信救了你了。」
瞎子立刻看見了，就在路上跟隨耶穌。

（可十51～52）[1]

對於耶穌能夠及願意「為你做」甚麼，這裏有兩個截然不同的理解。耶利哥的瞎子巴底買，比西庇太的兒子更了解耶穌，因為他看見耶穌所行的憐憫之工並不是祂使命的附屬品，而是其不可或缺的一部分——巴底買的信心及耶穌隨後使他能看見這件事，顯明了這一點。

同一個主題延至求記號（signs）一事。法利賽人滿心希望耶穌給他們一個記號，好叫他們能敗壞耶穌的信譽（可八 11）。最終，他們得到的惟一記號，是猶大給他們的：「賣耶穌的人曾給他們一個**暗號**（sign），說：『我與誰親嘴，誰就是他。你們把他拿住，牢牢靠靠地帶去』」（十四 44，粗體由引者附加）。在這兩個情況，「看見」（seeing）都被用來敵對耶穌。用視力來明辨關乎耶穌的記號，實際上顯出誰是耶穌的敵人，此記號象徵著他們的敵意。在第一個情況，耶穌拒絕給法利賽人記號，因為無論如何，他們都不會相信耶穌。法利賽人並非耶穌的跟隨者，因為他們在祂身上尋求的，只是某些特定的事物，是預先決定了的事物：一個記號、一則宣認、一個解釋。在每一種情況，尋求祂的人都得不到所求的事物：他們得不到記號，耶穌起身，離開。耶穌的敵人正是那些尋求祂的人，他們藉著尋求祂，意圖操控祂。[2] 在猶大的例子中，本來象徵友情的記號，變成出賣的記號，因為它被用來達至一個邪惡之目的。這些例子共同指向一個常見的馬可的主題，就是門徒的視力並不是用來操控耶穌，門徒看見耶穌不是為了捉住祂。當耶穌在十字架上，祭司長和文士再次要求耶穌給他們一個記號。

> 他們又把兩個強盜和他同釘十字架，一個在右邊，一個在左邊。從那裏經過的人辱罵他，搖著頭說：「咳！你這拆毀聖殿、三日又建造起來的，可以救自己，從十字架上下來吧！」祭司長和文士也是這樣戲弄他，彼此說：「他救了別人，不能救自己。以色列的王基督，現在可以從十字架上下來，叫我們**看見，就信了**。」
>
> （可十五 27～32 上，粗體乃引者附加）

在馬可福音裏，正是那些沒有看見，但仍相信的人——就是「瞎子」——得以看見。可是那些求看見，卻不求明白的人，他們的請求得不到答允。那些求記號，好叫他們能相信的人，只會誤解那個記號，所以才不得記號。對祭司長和文士來說，耶穌若從十字架上下來，的確會構成某種證明，但這只會肯定他們的偏見，因為他們與福音書中幾乎所有其他人一樣，沒法「看見」十字架與榮耀之間的關連。

同樣，所有基督徒都必須面對這個事實，就是我們很難看到十字架的榮耀。十字架是耶穌使命的敗筆，是祂無法建立祂的國度的符號，說明祂沒有能力面對威脅，也沒有貫徹應許——這些想法，是耶穌原初的門徒和處死祂的人的觀點。但基督徒知道，耶穌的復活隨後便發生了，所以就快快把耶穌從十字架上取下來，如此便流露出一種心態，就是對十字架之存在有著根本的不安。我們急忙躍過受難節，進入復活節，這亦是一種迹象，說明我們無法看見十字架乃是耶穌榮耀的巔峯。這點道出，我們不願讓耶穌成為以非暴力的態度承受暴力的僕人，並過早把我們的視線轉向一種勝利，好向世界證明，歸根結柢，耶穌才是正確的。然而，正如我們將會在下一章提到，馬可沒有半點這樣的想法。復活的基督在馬可福音裏，從來沒有「被看見過」。既然馬可在這裏沒有讓我們看見十字架上的榮耀，我們便不被獲准將復活扭曲，以遷就我們征服的目的。

此外，我們還有一種輕率地看待十字架之榮耀的方式。習慣了在敬拜的地方有十字架的基督徒，可能會發現，他們已經忘掉了十字架的象徵，就是那可怕的孤立和離棄。以十字架的記號作祝福之用，可能會令我們忽略這個弔詭的地方：十字架原本是用在受咒詛的人身上（申二十一 22～23；加三 13）。十字架不單明顯是給犯人的懲罰，它亦意指遭到上帝離棄。耶穌遇到全面的棄絕，正如祂早就説過事情將會如此（可八 31）。祂不單受苦，祂更在受苦中被離棄。所以，基督徒往往受到試探，嘗試填補我們的經歷與耶穌的十字架之間的差距，為祂感到悲傷、難過，又感激祂完成了這樣艱巨的使命。但這樣只會重複我早前觀察到的錯誤：它合理化了以下假設，就是耶穌的門徒不必分擔耶穌的受苦。要糾正這個錯誤，我們必須意會到，要填補基督徒的經歷與十字架之間的差距，只有靠我們**與**耶穌一同受苦才成。教會收到的殉道邀請，甚至（並且特別地）來自十字架本身，而不僅來自那走向十字架的生命，也不僅來自十字架之後的復活生命。

如此，教會若沒有親自參與十字架的苦難，就沒有資格把十字架解釋成得勝的符號。但如果教會以為，是因為它參與了基督的受苦，才使十字架變成得勝的符號，這是個更大的錯誤。教會與基督的團契及團結，乃是在教會跟基督一同受苦之中實現，但教會的行動不會為基督的受苦加添甚麼。這樣想只會使我們迷戀人的痛苦，又鼓吹教會自我沉溺。換言之，全程跟隨耶穌到十字架，不會在受苦當中提升出一種快樂的體驗，也不主張受苦是一種值得追求的善。基督徒與耶穌的團契，乃是一種在祂所遭受的棄絕中的團契。在祂的死裏跟祂團結，仍舊是死。耶穌經歷到的孤單，部分是由於祂的朋友離棄了祂所致，但同時，即使祂的朋友作為殉道者，跟祂一同受苦、團結一致，祂的孤單仍然存在。簡單而言，關於人類受苦的「答案」，並非更多人受苦。背起自己的十字架，並不是要擊敗十字架。

在這方面，基督徒的十字架有別於基督的十字架。因此，為了避免把殉道者的死跟耶穌的死完全等同，我們似乎需要解釋為甚麼耶穌必須受死。而且，假如我們要名正言順地將榮耀歸給十字架，我們豈不也應當提供某種說明，解釋為何耶穌會受死？畢竟，我們感到我們好像必須明白上帝到底用十字架來做甚麼。我們有一股強烈的衝動，要**解釋**十字架，要言說之，彷彿我們必須聲稱耶穌經歷十字架是出於必然。這種衝動對應了我們的一種意慾，就是想把上帝的行動納入我們的知識範圍。這正反映出我們想馴服上帝之不可預測的行動，將之納入理論的框框。我們接受不了基督的十字架是一經驗事實（empirical fact），是平白直率的敍事所描寫的歷史事件，未經宗教網羅之虛飾。

但這類嘗試注定失敗。我們近乎要説這類嘗試**必定**失敗，但假如十字架仍舊是十字架，則我們必須制止自己這樣説。我們近乎這樣説，是因為我們正確地揣測到，十字架必須保持一種張力，它是人類爭奪權力的世界的一個尖鋭的對比，是普遍的成事之道之逆轉。我們知道，當世界表面上看似得勝之時，十字架顯明基督最終不可能被世界征服。我們讓聖子純然順服聖父的自由得以保留，讓祂的順服揭露全世界都受到不順服之奴役。雖然十字架有其可怖之處，但其尊嚴（dignity）繼續活化基督教的敬拜，而且當我們承認事實的確如此之時，當教會在敬拜中慶賀十字架的美德之時，基督教的敬拜便有那種尊嚴的特質——儘管十字架有其可怖之處。然而，經解釋的十字架會顯得「合理」，我們的恐懼會得到舒緩，耶穌失敗的恥辱會被平息。説耶穌「來受死」是言過其實——即使這是從回顧得出的結論。

因著這些原因，我們近乎要説，解釋十字架的嘗試**必定**失敗。儘管如此，我們最終還是要制止自己作出這樣的申明。假如解釋必定失敗，那是因為我們倚靠了另一個行得通的解釋。假如我們發覺無法從十字架得出最終的意義，我們之所以有此結論，乃是基於另一個可能：我們堅信有些事情可能，有些則不然。我們被拋進一個辯證的（dialectical）處境之中，透過事情的反面來肯定這些事情，但卻不太肯定這些事情的反面的必然性。

就十字架而言，我們看到有幾方面皆如此。十字架是暴力之舉，雖然暴力對於十字架之工並不是必需的。十字架是弱者的據點，但強者的力量與之並不相干。同樣，十字架是上帝的恩典之舉，雖然上帝的恩賜並不受制於那些殺戮者。十字架是人類的罪造成的，因為如果我們沒有行惡殺死祂，耶穌不會被釘死。但亞當的罪沒有**導致**耶穌住在我們中間。[3] 這種想法給予我們太大功勞，又在我們自己的救恩的問題上，高舉了我們作為能動者（agents）的角色。[4] 申明基督徒必須循辯證的方式思考十字架，澄清了「稱十字架為榮耀之處」的意思。我們可以進入榮耀，沉浸於榮耀當中，在裏面翻滾；榮耀也叫人恐懼、喜樂、驚異；但榮耀拒絕我們以其他事物解釋它。

十字架簡單明了，能消除人的敵意。保羅傳揚的是被釘十字架的基督，而不是我們的假設——十字架指向的深刻洞見，或對人性更根本的觀察，或一套十字架神學，或一種救恩論。我們知道，十字架在某種意義上是「為了我們」(for us)，雖然我們不明確肯定它如何為了我們。然而，我們不肯定十字架如何為了我們，這既不會改變十字架是「為了我們」這個事實，也不會妨礙基督徒加入殉道者行列。殉道者不明白十字架的目的，他們沒有用思想填補差距。然而，他們明白，跟隨耶穌可能會招至與世界敵對，並且與耶穌一同受死。

這提醒我們，神學家不一定能成為最好的殉道者。事實上，它警告我們，我們的神學可能正積極地防止基督徒作出行動。當神學企圖做得太多，它會阻礙教會以順服的態度回應忠心的要求，這要求乃是教會自由且自然而然地變得忠心。正如最好的講道，好的神學能使教會忠心；它會忽視那些純粹學術和臆測的問題。它不會以為，因為它回應了一條問題，便能窮盡任何答案的圓滿之處。好的神學會謙卑地承認自己的不足，當身處上帝的呼召和教會的回應之間，它會婉拒加入討論。[5]

十字架最能顯示神學的不足。作為基督教信仰——更是全世界——無可爭議的要點，十字架比起基督教信仰中所有其他主題，引發了更多危險的臆測和危機四伏的空談。當神學家愈靠近十字架的軌道，他們那些本來可靠的工具，就愈顯得僵化和失效。十字架暴露了我們假神學之名、行拜偶像之實；十字架也暴露了我們自負地吵著要確據；十字架還暴露了我們為了弄清一些事情，於是粗暴地把它們拆開，看看為甚麼它們能運作，結果只剩下空洞的核心和被挖空的整體。我們的方法通常只產生虛無飄渺的言語，與教會的實際踐行、禱告、禮儀脱節。這些言語被用來建設宏大的思想體系，或高深的理論架構，但全都因空洞無物而崩塌。

我們必須將不可思議的十字架放在我們面前，好叫我們能騰出空間，宣稱十字架的特色就是榮耀。我們無法固定十字架的意義，在某程度上，這就是十字架的意義。然而，就著事情怎樣進行，就著聖子怎樣與聖父相連，就著人的罪怎樣催迫上帝，這些都不屈從於我們的邏輯和理解。十字架的不可思議之處，大大強化了背負十字架和跟隨耶穌一同受苦的呼召，因為此呼召並非建基於「受苦的內在合理性」之信念。

假如十字架言之成理，那麼我們往往會為著錯誤的理由背負自己的十字架，而且實際上，我們反倒會用這些理由來拒絕背負十字架。當教會提出種種贖罪的理論以解釋基督十字架的意義：説耶穌特殊的召命要求祂作獨特的犧牲；說耶穌的救贖使命必然要求祂向撒但付上贖價，這贖價只有祂能付；或說只有祂能代表全人類平息上帝的震怒——這就是教會的自欺，它認為只有耶穌需要受十字架之苦。這類神學無疑有它的用途，我們不應在原則上避免之。而且，新約本身肯定也有一些內容嘗試解釋十字架的意義，澄清十字架做了甚麼，它為何是一種獻祭，它對我們有何意義，以及十字架與復活有甚麼關係。但同樣具啟發性的思考是：為甚麼馬可沒有這樣做？馬可福音最多只以耶穌的話談到祂的死乃是「作多人的贖價」(可十45)，留下讀者在猜測這到底是甚麼意思，有時這令他們感到困惑。

馬可不僅拒絕迎合我們想透過解釋來操控耶穌的受苦的偏好，他的福音書亦同樣拒絕解釋受苦本身。[6]關於是甚麼令耶穌的死有救贖能力，又是甚麼叫祂的死成為我們的福音，我們難以道明；但原因並不是我們擁有一更普遍的理念，能為這一切賦予意義。我們沒有得到那種突顯受苦有何內在美善的洞見。關乎教會跟隨耶穌往十字架，並與祂一同受苦的呼召，並非源自理論，而是源自信念——確信我們的努力不能決定最終結果會怎麼樣，確信上帝是美善的，確信上帝的國之勝利不是藉著尋常方式來成就。

關於十字架有甚麼意義，只能透過踐行得到解答。

正如最早期的門徒那樣，因著門徒跟耶穌的友情，所有基督徒都被吩咐要為祂及跟祂一起受苦。友情其中一個顯著的特色，就是不能被化約成解釋。我們稱可解釋的友情是淺薄的關係，它們實際上不是真正的友情，只是契約協議，是可預測的互惠交易。當其中一方沒有履行承諾，契約就失效，另一方則免受此契約約束。寬恕與愛都不是契約的組成元素，友情也不是，朋友之間並不是為了一些更基本或更原初的目的而彼此相愛，他們亦非處於友情隨時會消失的狀態。論到耶穌的朋友對祂的出賣，耶穌的十字架可能是祂使命的一次失敗，但祂卻沒有在這次失敗中出賣祂的朋友。祂的友情**就是**祂的使命。這有助我們明白猶大賣主和彼得不認主的悲劇。他們撇棄了耶穌的友情，因此亦撇棄了祂的十字架。

這一切意味著，就上帝於世間的作為而言，我們與上帝的友情，比任何能以交易條款描述的行動更基本。我們一旦把自己與上帝的友情合理化，我們便不再有分於這關係。我們一旦解釋為甚麼我們是上帝的朋友，我們實際上是在解釋為甚麼我們不需要祂的友情。約伯受到試驗，以顯明他是否「無故」敬畏上帝（伯一9）；他的受苦挑戰了他那幾個所謂的朋友所作的合理化解釋；和約伯一樣，基督徒也是那些無故背負十字架的人，他們對耶穌的愛由此顯明；除了他們對耶穌的愛，再沒有其他理由使他們背負十字架。

在此，教會被提醒，當它拒絕以暴力反抗敵人的迫害，這並不是出於它非常相信非暴力的威力，而是這樣做，是一種愛耶穌的方式。正如任何戀人對他們所愛的人所做的，當教會愛上帝，其所表現出來的行動，與這些行動的內在特質無關。戀人的行動是愛的表現，它只能被這樣理解。在友情和愛的關係中，我們向受苦、受傷的可能性開放自己。基督執意稱呼我們為祂的朋友，不以武力壓倒我們（人們常用武力來對抗敵人），這就是「祂為罪人獻上了自己的生命」這句話的意思，它亦是保羅對十字架的反思背後的基礎：

> 因我們還軟弱的時候，基督就按所定的日期為罪人死。為義人死，是少有的；為仁人死、或者有敢做的。惟有基督在我們還作罪人的時候為我們死，上帝的愛就在此向我們顯明了。
>
> （羅五6～8）

基督對友情的訴求，並沒有因我們的拒絕而不復在。我們拒絕祂的訴求，可能是無可避免的事實，因為我們不懂得如何跟敵人做朋友。但在我們與上帝的友情之間，我們的拒絕並不是邏輯上必然的事情。上帝付出的是愛，我們的回應卻是暴力。任何解釋十字架的嘗試，都會變成解釋上帝的愛的嘗試。當然，單是這一點，已不太可能，但更荒謬的是認為：由於上帝的愛，與祂的自性（selfhood）和存在，是密不可分的，因此若要解釋十字架，我們便需先解釋上帝！

我們現在也許可以總結一下，榮耀、友情、非暴力受苦三者，對於基督徒而言怎樣彼此相關。這幾方面均拒絕解釋和工具性詞彙的描述。它們只能被描述成愛的表現。榮耀乃是聖父與聖子彼此的愛所產生的效果；友情指的是教會如何連於耶穌，並有分於祂的榮耀；非暴力受苦則是這友情的形狀和榮耀的代價。

克服盲目和誤解，是我們跟耶穌建立友情的一個相關條件，也是我們不以自己的想像來掌握祂的條件。能看見十字架的榮耀，這是一種能力，是教會的生存之道，也是它給後世基督徒的操練。要看見上帝的國在十字架上臨到，需要培育一種視力，這是跟隨耶穌往十字架所必需的。如此，我們可談論一種十架美學（aesthetics of the cross），就是當教會在辨認榮耀時，既不倚靠一些宏大的解釋，也不將受苦客體化。十字架既不合乎理性，亦沒有客觀上的美；保羅知道，任何令十字架顯得理性或具有客觀上的美的嘗試，都會減輕十字架作為恥辱、絆腳石達至的效果——沒有了這些元素，有些人會選擇相信（林前一23）；但問題是，他們會因此而信錯了對象。或更壞的情況是，他們相信，卻沒有真正參與敬拜、禱告、自我否定等踐行，這些踐行乃是人縱使絆腳卻不至跌倒所不可或缺的。

也許，使人與十字架相遇的教會踐行中，最關鍵的就是講道。當上帝的話被傳揚，它臨到聽眾，聽眾便面對一個抉擇的時刻：他們可以是有耳聽道的人，把信息視作上帝的邀請，他們也可能只把它視作一種娛樂；他們可以視之為上帝對自己說的話，也可能視之為關乎其他人的動聽故事；這道可以引起共鳴，也可能會得到聽眾的冷待。當十字架被傳揚，聽眾不是被打擊至動彈不得、絆腳及跌倒，就是吵著要求更深入的、化約了的意思。[7]

但是，抉擇的時刻，乃是在特定歷史中的時刻。十字架信息的聆聽者，並不是與教會的「時間裏之存在」

(timeful existence)隔絕。道被傳揚、被領受的時刻，並不特別神聖，即使這可能是歸信和悔改的時刻。教會要在基督的生平和職事這更大的敘事背景下傳揚十字架。基督的生平和職事，是教會作為教會之存在的理由；是教會日常的敬拜和團契踐行之理由；是它尊崇聖典的理由。這樣做，基督徒能夠傳揚十字架的質樸(simplicity)。這方面有可能出現的問題，通常較少是十字架在基督徒生命中扮演太小的角色，更多時候，是十字架變得太關鍵。我這樣說，首先不是針對十字架的重要性而言，乃是針對十字架與耶穌生平的隔絕。只分享耶穌的身體和血，卻沒有提及婦女為耶穌洗腳的福音，不是完整的福音。若有些人為別人施洗，卻不為別人洗腳，基督的僕人本質便被扭曲。若基督徒只顧自己的溫飽而不顧及他人，福音就不是給貧窮人的好消息。若平安被傳遞開去，但傷口卻沒有包紮好，那樣人只會將寬恕留給朋友。這不單會令人混淆，導致教會難以作殉道的見證，亦剝奪了世界得聞福音的機會。這兩者最終乃是緊緊相連的。

對於一所學會了說故事，而非傳遞資訊的教會，十字架簡單明瞭。殉道者被殺，不是因為他們言說的資訊，而是因為他們所敘述的故事，他們稱這故事是真確的。[8]正如殉道者的生與死，耶穌的死是這故事的一部分，這故事也包含了亞伯拉罕、以撒、雅各、喇合、馬利亞。有些先知在曠野得餵養，有些人聽見呼召要離開某地前往他方，亦有特定的民族受奴役及得著解放。我們可以藉著家譜說明耶穌的身分，但這個敍事卻不能化約成一些重點，甚或許多重點。這敍事不僅關乎上帝正在怎樣轉化世界，或已怎樣轉化世界；這敍事本身就是上帝轉化的一部分。[9] 新生命的賜予與知識的傳遞無關，即使這是根據啟示所一般預設的而言。在基督裏的新生命不是某人所擁有的東西，除非敍事是某人擁有的東西。聲稱某個敍事是「我的」，與聲稱擁有一些資訊不同。我跟你分享一些資訊，好叫你也可以擁有這些資訊，但你擁有我的資訊，這並沒有使你的生命融入我的生命。可是，上帝轉化世界的故事——十字架就在這故事當中——乃是由那些視這故事為自己的故事的人所傳講出來的。他們的傳講，也邀請其他人將這故事變成自己的故事。因此，新生命不是來自啟蒙，而是來自轉化。這並不是內在追求某個屬靈理念的產物，而是每日與上帝在世間相遇，並選擇跟隨和順服祂的結果。

正如十字架本身，被傳揚的十字架是脆弱的。它沒有顯而易見的意義、沒有不可抗拒的真確性、沒有引人注目之美，它直覺上不甚恰當，也不見得合乎理性。它的被拒，是可想而知的。可是，若這傳講是真確的，其被拒就與十字架相似。它不會自義地斷言它的信息是不合理的，為要譴責人類的理性；它亦不會因為被拒而不傳達它的信息。教會堅持傳揚福音，不是因為相信世人最終必會屈服，而是因著它對上帝的盼望；而上帝自己的堅持則展現在十字架上，也由十字架本身展現出來。當教會遇到挫折、孤立、危難，它往往會受到試探，縮減它應傳揚的內容，如此，它便拒絕了它的十字架。當教會受到試探，想令它的見證不至顯得脆弱，想藉著傳播一套百毒不侵的信息、艱澀的教義、帝王將相關心的話題，來確保它自己的生存以繼續傳揚福音，如此，教會也拒絕了它的十字架。

這導致一個引人注目的結論，就是教會只在她是殉道者教會的時候，才能夠言說十字架到底有何意義。基督的十字架對教會不具任何意義——除非教會的生命由關乎某類信徒的訓練與記憶塑造；這些信徒的門徒樣式，跟世界之不信產生衝突，他們的生命，叫世人的敵對顯得可以理解，而不是莫名其妙。然而，我們要注意，這樣說並不等同聲稱，教會的忠誠**賦予**十字架意義，或**令**它的意義成真。這種想法會叫十字架變成教會的工作，以至教會拒絕跟隨耶穌，或拒絕耶穌的帶領。再者，正如我們在前面已經提到，這也不等同說，教會有資格根據它種種的理論，決定十字架的意義，因為這樣會令十字架不再是恥辱。

教會給十字架作的見證，只可能發自一個體現十字架生命的羣體。否則，該羣體傳揚的信息便不會簡單明瞭得令人推崇，自然而然地反映出十字架的質樸。如此，教會的見證將變得令人惋惜地空洞、毫無意義。十字架的意義在某些人身上顯明，這些人的生命顯出，實在正如上帝兒子的自我否定所揭示的。十字架的意義在一羣子民身上展現，他們花時間辨認出十字架如何是聖子得榮耀之處。十字架的意義在那些頌唱上帝的國臨在的人的宣告中得到印證，雖然它很難被看見，而我們之所以看不見，是因為我們沒有頌唱，因為我們身處那種叫我們得以看見的生命之道之外。然而，這樣的結論最終不能被論證，它只能被顯明、看見、展示。假如它能被論證，見證人就無需存在了。假如教會能以言語把握十字架的意義，教會便不必背負十字架了。如此，教會只是純粹地傳揚——但是它所傳揚的不會是真確的。它會要求一個記號，且在錯謬中傳揚這個記號，而不是傳揚那位拒絕從十字架上下來者的福音；事實上，「祂拒絕從十字架上下來」**就是**那記號。可是，只是那些有眼可看的人，才看得見——單單注視十字架那可畏的榮耀。[10]

6

無視「復活的那一位」

雖然死亡令殉道者沉默無聲，他們卻在言說；雖然拒絕殉道的教會繼續活著，卻無話可說。

她們進了墳墓，看見一個少年人坐在右邊，穿著白袍，就甚驚恐。那少年人對她們說：「不要驚恐！你們尋找那釘十字架的拿撒勒人耶穌，他已經復活了，不在這裏。請看安放他的地方。你們可以去告訴他的門徒和彼得，說：『他在你們以先往加利利去。在那裏你們要見他，正如他從前所告訴你們的。』」她們就出來，從墳墓那裏逃跑，又發抖又驚奇，甚麼也不告訴人，因為她們害怕。

（可十六 5～8）

在馬可福音裏的空墳墓，既荒涼又令人不安。那裏沒有絲毫喜悅和慶賀，只有戰慄和恐懼。這裏給教會的信息，跟其他福音書所傳達的，在某些層面有些差異。馬可福音沒有任何復活顯現的紀錄；沒有提到耶穌與那些出賣祂的受驚門徒重聚；沒有提到耶穌祝願他們平安；也沒有提到耶穌邀請門徒在湖邊圍著炭火一起吃餅和魚。

正如教會自己的見證並不涉及提供證明，馬可也沒有讓讀者「看見」復活的基督，以此確定復活的事實。復活的那一位沒有說話，沒有伸出祂的手，也沒有告訴祂的跟隨者該做甚麼。馬可的敍事沒有滿足讀者的好奇心，只要求他們——以及那些站在墳墓裏的婦女——相信那位穿白袍的少年人所作的證詞。馬可福音以婦女看見了空墳墓作結——她們得到應許，假如她們跟隨祂去加利利，將能看見復活的耶穌。

> 她們進了墳墓，看見一個少年人坐在右邊，穿著白袍，就甚驚恐。那少年人對她們說：「不要驚恐！你們尋找那釘十字架的拿撒勒人耶穌，他已經復活了，不在這裏。請看安放他的地方。你們可以去告訴他的門徒和彼得，說：『他在你們以先往加利利去。在那裏你們要見他，正如他從前所告訴你們的。』」她們就出來，從墳墓那裏逃跑，又發抖又驚奇，甚麼也不告訴人，因為她們害怕。
>
> （可十六 5～8）

這段經文的神祕角色是一個「少年人」，不像其他福音書說是天使。這位少年人第一次出現時，是在十四章，在那裏，他自園中逃避捉拿。稍早前，他為了逃避捉拿而丟棄了他的麻布，在羞恥的赤裸中逃命。那塊麻布和這位少年人，兩者後來都在故事裏再次出現，雖然不是一起出現。[1] 正如我們已經提到，那塊麻布被亞利馬太的約瑟用來包裹耶穌的屍體（可十五 46）。這是釘死在十字架上的那一位所穿的，它是死屍所穿的衣服。這塊麻布，遭那位少年人逃離園子時棄絕。這少年人作為一個符號，代表教會背棄被捕的耶穌，他亦代表教會拒絕與耶穌一起受苦、受死。然而，這少年人再次出現時身穿白袍，他披戴著殉道者的顏色，這也是基督在登山變像時呈現的顏色——當祂站在十字架榮耀的巔峰。

另外，這少年人乃是坐在「右邊」。雅各和約翰稍早前曾為這個位置發生過爭執（可十37），而且耶穌受審時，祂說過人子會坐在權能者的右邊（十四62）。這明顯指向一個滿有尊貴及權能的位置，但雅各和約翰不了解的是，使耶穌有資格坐在此位置的行動——十字架——亦是其他想分享這權能的人要作出的行動。因此，這個少年人象徵那些受過基督十字架，因此現在能坐在「右邊」的人。對於耶穌自己來說，當門徒在前往榮耀的道路上，不是繞過死亡，而是穿過死亡，這樣便使基督「坐在父的右邊」，正如信經所載。這是宇宙的統帥的位置，其統治凌駕於那些聲稱管治人間事務和歷史的領袖。[2]它跟羅馬和其他國家的政權形成直接的對比，這些政權在世上行使權力惟靠裝腔作勢，及僭奪那些現正與基督一同統治的人的權柄。後者之所以能統治，正因他們已受苦，他們所受的苦，來自那些妄稱自己是統治者，但卻使其他人受苦的領袖。

那位少年人重新披上白袍，但這一次卻是以殉道者的身分為復活作見證，這是惟獨教會能作的見證。也許，令人感到驚訝的是，他沒有以任何簡單明瞭的方式展現復活的那一位，他也沒有亮出一尊榮美的身體。他所做的，是再度向門徒發出呼召，但這次不是叫門徒往耶路撒冷去，而是回到加利利。故事回到起點，在那裏，耶穌最初在湖邊呼召漁夫「跟隨我」(可一17)。和從前一樣，那裏並沒有甚麼誘人的顯現去聳動跟隨者。馬可福音的復活耶穌，看來與那位在巴勒斯坦山區四處傳道的耶穌保持一致。那些在馬可福音的總結部分出現的人，惟一能清楚「看見」的，就是那個空空如也的墳墓：「請看安放他的地方」。當然，一個空墳墓並不是復活的證明，它只是一個起點，是指向另一個方向的記號，是叫人望向他處的信號。要真的「看見」復活，便需要作主門徒，當耶穌走在前頭，就在後面跟隨，拒絕那些似是而非的見證所宣稱的誘人異象。

我們必須看見，馬可福音的最終一幕以兩種方式代表教會。那個少年人是殉道者教會，他給復活作見證，但沒有提供甚麼證明，只是將我們的焦點轉移到那位復活者持續不息的進程。他所作的，全都指向那位不被操控的彌賽亞；彌賽亞的作為，可言說而不可解釋，可敍述而不可描述。「祂在你們以先往加利利去」——這種指示方式，並不束縛預期（anticipation），它並沒有說，有一個未來的應許將會成就，它特別由一個其新生命不受制於這世界的人所成就。那個少年人所見證的，是個不受操控的奧祕。但那些逃跑的婦女亦代表了教會，她們的反應跟那個少年人早前的行動一樣。在她們身上，我們看到教會拒絕跟從復活的基督，它懼怕這樣的跟隨所意味著的一切；它想保障自己的安全，不至受到一個曾死去，但現今活著的男人之不可預測的行徑所影響；它想保護自己的性命免受它見證之後果牽連。

這兩種代表，分別展示了殉道者教會，以及那些拒絕殉道的教會，在看得見與看不見這兩種人之間，帶出一種對比。後者，即那些婦女，她們之所以看不見，是因為她們沒有跟隨。結果，她們「甚麼也不告訴人」。她們的沉默是弔詭的：雖然死亡令殉道者沉默無聲，但他們卻在言說；雖然拒絕殉道的教會繼續活著，卻無話可說。當然，這只是復活的弔詭之處。教會作為基督的身體，已經置身於耶穌親自帶來的逆轉之中。儘管教會曾經在園中逃跑，但在死亡的另一端，它仍置身於跟耶穌重逢的應許之中，教會仍被呼召跟隨耶穌。教會逃跑、四散保命的舉動並不是得以免罪，而是它被賜予另一個捨命的機會。馬可福音的結局，再次回到它的起點。

再者，當教會言說，它只能以那少年人的身分言說。教會對復活的認知，只建基於它所活出的教會的生命，也就是說，它的信仰乃是繼承自教會歷史中的前人。同樣，雖然有點諷刺，但由於馬可福音是教會聖典的一部分，因此馬可福音對復活的認知，也有賴教會的見證。我們無法探究見證人之證詞的內情，以獲得有關事件更確實的紀錄。馬可甚至沒有向我們顯明該事件：我們只從那少年人——殉道者教會——的見證認知復活。也就是說，教會必須聆聽它自己的聲音。它必須把自己託付給自己的成員所作的見證；它必須聆聽那些走在前頭的人的故事。教會讀基督教聖經時，它必須意識到自己所讀的是見證集，是教會為了向世界作見證而集結的。它讀聖經，不是只為了尋找問題的解答，它不是純粹為了尋求解釋，而是臣服於聖典的權柄之下，視之為教會的前人留下的遺產。它看自己為一個更宏大的故事的一部分，這故事叫今天的讀者在歷史見證（historic witness）面前卸下防備；這見證主要不是那些寫作聖典之人的見證，而是那些稱這些經卷作聖典的人的見證。

然而，教會並不是純粹地、毫不批判地採納它的成員的證詞，它沒有簡單地把他們所說的話視作理所當然。這是因為教會給後世的見證，不是以命題的形式出現，而是以邀請的形式出現。命題只找出趨勢中的一些變化，然後提問及尋找答案。然而，教會訓練自己去聆聽它的成員發出的問題，視之為邀請，去親自看看那位復活的基督的邀請。教會的復活生命，因著基督的復活而變得可能。往加利利見耶穌，是教會在它的身體內延續的邀請，是那些已看見的人，向那些仍未看見的人所發出的。教會聆聽那少年人的證詞，回應他的邀請去尋找耶穌，因祂已先行一步。這樣，馬可戲劇化地捕捉了教會自身內在生命所有的張力，就是它如何相信它自己：不是靠前人把證據傳給後世，而是靠邀請每一代的信徒，前往那些它曾到過的地方，雖然它可能只有白袍作為「證據」。

就這樣，福音書以懸而未決的不確定作結。許多學者注意到馬可以一種古怪的文法結構——前置詞——作結，這類詞彙通常尾隨著某些字句。其他人為了解決這問題，續寫了虛構的結尾。他們意圖透過這樣做，解決這福音書在文法和敘事方面的問題。[3]他們描寫婦女將她們所見的告訴男門徒；又寫到復活的耶穌說話，並給予門徒指示；他們亦呈現門徒忠於主的吩咐。這樣做，反映出我們面對的一種試探，就是想擁有一個完整的故事，在當中，我們的角色完全可有可無。但是，馬可福音不會以一頁文字作結，畢竟，這整卷書都只不過是「福音的起頭」罷了（可一 1）。終結，只能通過邀請接近，只能在踐行中實現。

教會若沒有親自置身於馬可的敘事脈絡當中，便不能傳講馬可所傳講的福音。如此，那少年人就是一個終末的記號，可用來解讀應許的實在（reality of promise）這故事。教會蒙應許，它忠誠的見證，將成為福音書之內在融貫性（coherence）的必要部分，這內在融貫性使福音書得以向他人作見證。如此，教會的見證就是「見證基督的聖典」的一部分。當教會忠於基督，它的生死便已經**在經文中**得到意義。

然而，我們這樣說的同時，並不需要給馬可的故事添上敘事的結尾。假如殉道者教會被納入敘事，它不必使此故事變得清晰一點：它只需把那種含混（ambiguity），從解經家能解決的含混，轉化成靠見證來解決的含混。我們沒有得到保證，教會必定會跟隨主而非逃走，因為就連我們對那少年人的記憶，仍然受到他那令人始料不及的逃命所困擾。到底教會扮演的角色是墳墓前的婦女，抑或那少年人，此問題無法在解經層面得到解決，因為該問題乃是一個懸而未決的開放式邀請，它仿似未完成的句子、一個停頓，等待下一句話。誰會說出下一句話？抑或只有沉默，無言，沒有見證？教會沒有得到確定的答案，但教會卻得到應許：假如它在回答此問題時遇害，它會經歷到上帝的信實。

假如沒有信徒羣體定意為復活作見證，基督的復活便不能為世界或教會所知。這邏輯有一種恰當的循環，這點我在前幾章已部分探討過。在某種實際的意義方面，教會的確在向它自己作見證。這樣說，不會使教會完全在基督裏面瓦解（collapse）。復活的教會不等同復活的基督。一方面，教會與**它自己的**復活之間的關連，跟基督與**祂的**復活之間的關連並不相同。在園中逃命的人是典型的例子，代表教會沒有處於伴隨耶穌的位置——在祂旁邊的十字架上。我們若問：假如門徒都對主忠誠，他們是否亦會跟耶穌一起復活？這只是純粹的猜想。教會被納入基督的復活，是透過它有分於基督的受苦，以及透過它有分於跟基督一同復活的應許。這有助我們明白，為甚麼在墳墓出現的那個少年人會身穿殉道者衣裳。我們無從得知他是否也剛從死裏復活，但最少我們清楚知道，若他不是作為殉道者死去，就不會身穿白袍，若他本身沒有被納入那賜給殉道者的生命應許(promise of life)之中，他亦不能作此見證。

這一切所意味著的是，教會不僅在向它自己作見證——雖然它得以言說基督已經復活，是基於它跟隨基督一起受苦。耶穌對於教會仍是「他者」(other)，是走在前頭的陌生人，祂邀請我們跟從，但祂卻不受限於我們的描述，即使我們全力以赴，也無法要祂為我們的目標服務。耶穌的他者性(otherness)，不單透過復活的含混性得以保存。新約沒有嘗試為我們澄清「復活」的意思，正如它任由「登山變像」的意義隱晦難懂。新約沒有列舉復活的身體的特性。耶穌也沒有因這奧祕而被拒諸千里之外；事實上，這奧祕反而吸引我們進入它裏面。在過程中，與其說這奧祕之內情解答了隱晦難懂的問題，不如說這些奧祕對那些跟隨耶穌的人來說，在持續更新，這些人在跟隨之際，得以成長，明白到他們之所以能成為跟隨者，只因人子已從死裏復活。

教會要明白某事，並不透過解釋。這是馬可福音其中一個關鍵的主題。耶穌的敵人知道祂是誰，卻抵擋祂：有污鬼宣稱「我知道你是誰」(可一 24)；彼拉多欣然稱耶穌為「猶太人的王」(十五 9)；百夫長則「認信」耶穌是掛在十字架上的上帝之子(39 節)。相反，祂的門徒結結巴巴地認信，而且經常因懼怕而胡言亂語。儘管如此，他們仍繼續盡力嘗試明白和信靠耶穌。當權者無懼地捉拿耶穌，敵擋祂，但與祂最親近的門徒，小心翼翼地跟祂保持距離，竭力想弄明白那走在他們前頭的奧祕。

教會永不能聲稱，它明確了解復活是甚麼——例如，復活的基督與復活的拉撒路有何分別。這僅僅因為，教會被納入基督的復活裏，以及它在其中的參與，這兩者乃是教會生命與使命一個持續進行的面向。[4]當教會在擘餅時分享復活的團契，它就是在參與基督復活的生命。路加福音記載了復活節後的教會延續使命時可能會遇到的情境，那就是往以馬忤斯路上的門徒的故事(路二十四章)。通過婦女的見證，門徒聽到關於空墳墓的事情，只是不相信她們所說的，認為她們說的是「胡言」。在路上，他們遇見耶穌，卻認不出祂，他們「強留他，說：『……請你同我們住下吧！』」，雖然他「好像還要往前行」(28～29

節）。[5]在進餐時，當耶穌將餅擘開時，他們的眼睛才得以打開，但祂隨即從他們眼前消失。他們的眼看見了，但他們只剩下手中的餅。這指出耶穌的存在之於教會，既是臨在又是缺席的。聖餐禮是奧祕，因為它在教會內體現了基督的十字架和復活，把教會納入基督破碎與被高舉的身體，但當教會在這些行動中跟隨基督，它並不擁有它的行動的意義。[6]

正如那些往以馬忤斯的門徒，教會恆常受到試探，想使耶穌「留下來」，想擁有祂、控制祂的行動。對於馬可福音記載的那些在空墳墓裏的婦女來說，祂消失，是因為祂要往前行。祂先往加利利去了，「在那裏你們要見他」。意圖掌握的眼光看不見祂，只有那種以跟隨穿越門徒與耶穌之間的隔閡的眼光，才看得見祂。當教會嘗試向世人證明復活真的發生了，或當它在護教的基礎上維護此立場時，又或當它建構合乎邏輯的論證維護它的信仰時——教會即面臨上述試探。這樣做的問題，不單是這些努力可能無法說服任何人。事實上，嘗試在邏輯或評斷的基礎上贏得這場爭論，**注定會失敗**，以下事實可說明這一點：婦女被託付去作見證，她們的證詞的可信性，在一個父權社會裏，因著她們的性別而失效。然而，正是這些婦女得著在加利利看見耶穌之應許，她們就是那些在十字架前沒有撇棄祂的人，又正如馬可提到的，她們曾在加利利跟隨和服事耶穌（可十五 40 ～ 41）。這些不太可能為人接受的見證人，她們的權威受到質疑，後來彼得在五旬節也同樣使人驚奇：福音的宣告靠的並不是見證人的性別或教育程度，畢竟，由婦女及沒有受過教育的漁夫所宣揚的福音，是福音所宣佈的宇宙性逆轉（cosmic reversal）之社會記號（social sign）。[7]

假如教會沒有透過它的護教學擁有耶穌，它也會承認它在復活所得的分，亦不是它的擁有物。我們已經提到，基督的復活異於教會的復活。前者是教會宣告的認信，它是教會得到的要向世界宣告的消息。教會堅持宣告這消息，即使它不能聲稱自己明確知道有人從死裏復活到底是甚麼意思。[8]上帝在信心的基礎上賜給祂子民這樣的知識，並透過見證人把此邀請擴展開去。但教會的復活，是靠著盼望得以持守的。它關乎我們所信的應許，即放棄聲稱對未來有任何控制權；除非基督徒把自己的復活盼望，連於對空墳墓的認信，否則，他們無法保障自己的未來。除了跟基督自己一同掌權的應許，基督徒沒有其他得勝的應許。這意味著，復活的權能公然棄絕一切偶像崇拜，因為它並不是由關乎世界命途之保證構成。復活的權能只給了耶穌，祂先往加利利去，向那些跟隨祂到那裏的人，揭示祂自己。[9]

這有助於我們看見那兩種復活——教會的復活和基督的復活——之間的邏輯距離（logical distance），惟有靠寬恕才能跨越。基督徒需要得到寬恕，這可見於一件事，就是彼得亦被告知復活節的信息：「你們可以去告訴他的門徒和彼得」（可十六7）。正如那個曾一度逃命的少年人，他在空墳墓作的見證，擁抱那信心盡失、違背承諾的失喪羣體；彼得這個不認主的人，亦被特別點名接受此好消息。上帝沒有遺棄彼得，任他在大祭司的院中痛哭，他亦沒有略過彼得，挑選另一個更為人稱許的門徒。四散的門徒全部有分，這乃是在復活的亮光下，重寫了基督徒身分的邏輯。若有人被納入基督復活的生命裏，即此人於耶穌死在十字架上時撇棄祂的罪已得赦免，此人也得著另一個忠於上帝的機會。

我們得承認，這裏看來有一種張力，情況仿似婦女和少年人同時代表了教會。一方面，雖然教會曾撇棄耶穌，但上帝仍以寬恕之恩再次臨近教會。然而，另一方面，教會明顯是殉道者教會。教會怎能同時既是殉道者教會，又逃避受苦？然而，這種張力之所以存在，是因為我們假設殉道者是英雄，而他們之所以能堅定不移，是因著他們本身的能耐。賜給背道的教會的寬恕之恩賜，與賜給宣揚福音的殉道者之恩賜，兩者是等同的。如此，福音是純粹的恩典（sheer grace），對那些心知無法靠己力承受痛苦的人而言，這特別明顯。換言之，基督徒得以承受殉道，這本身就見證了遭撇棄者被納入復活的生命裏。

殉道者教會總會承認自己的脆弱，它承認無能跟隨耶穌往十字架去，亦承認因著這失敗而接受寬恕。教會是脆弱的，因為它寧可拿福音的要求，去換取世界給的安慰。當它在園中因沒有禱告而昏睡，它的能力在虛耗。同樣，它在十字架上缺席，也因它看不到上帝的寬容；它因不明白而勇氣盡失。可是，當它蒙寬恕，它便接納自己的失敗和缺席，視這些為它傳講的救贖故事的一部分。教會如此行，乃是在承認，它對復活的盼望並不是一種成就。教會沒有賺取到它所盼望的對象，否則它不需要盼望此對象。反之，教會的生命回轉，投向復活的那一位，耐心地期盼它的未來被納入復活裏。所以，這兩種復活連在一起，卻不至互相混淆；兩者偶然的關連，乃是本於信靠、失敗、寬恕。

如果耶穌走在前頭，那麼基督徒的生命便不是靜止的，它應該一直往前行，仍未到達終點。它一旦停滯不前，不是因為它已到達目的地，而是因為它緊抓住偶像。教會滿足於依附那些不能說話的啞巴偶像、不能走動的跛足死物。當教會力爭擁有上帝——就是那位只發出簡單的「跟隨我」的吩咐、走在教會前頭引領它走進未知領域的上帝——這種僵化的基督教信念，便會去抓牢沒有生氣、靜止不動的物件，它們適合被操控，卻無力拯救。「得救」並不是一種靜止的狀態，而是一種生命處於動態的境況。教會的成員尋求共同生活，他們既是已復活的子民，同時又體會到，惟有當他們活出復活的生命時，他們才真的經歷了復活。

可是我們仍想要一個記號。我們想得到保證，就是基督徒的生命會有回報，一切都是全然真確的。正如我們在上一章提到，我們像法利賽人那樣。我們寧可試探耶穌，也不願參與真實和有意義的鍛煉（可八 11）。我們想在訓練賽中跟耶穌為伍，卻不願在重要賽事中與祂並肩作戰。但耶穌反駁法利賽人：「我實在告訴你們，沒有神蹟給這世代看」（可八 12 下）。偽彌賽亞也能顯記號和奇事（十三 22）。記號不能提供證據，只會帶來誤導和轉移視線。還有，我們要警醒，但不是為了明顯的記號。我們必須訓練自己的眼光去尋找正確的事物，就是那指向真彌賽亞的真記號。

當教會訓練它的眼光，得以看見那位走在前頭的復活基督，它便能開放自己，能夠在令人意外的地方看見上帝的作為。[10] 我們沒有定規可以依從，去勾勒教會所看見的事物的模樣，因為每次與主的相遇都是嶄新的。當中惟一持續不變的元素，是自由的基督的臨在，祂沒有界限，不受操控，任何局限祂臨在的嘗試——特別是來自那些敬拜祂為主的人——都注定失敗。在意想不到的地方尋找復活的那一位，並非教會失去信心的記號，這信心存在於它所傳講的故事、它所踐行的儀式，或它所承受的生命之道。這一切都被用來提升教會成員的眼光，看見就連教會，亦不能窮盡的上帝的國所及之處。基督的統治不僅覆蓋教會，且遍及全世界。上帝賜給祂的子民的應許，是他們與祂一同治理世界，雖然此應許賜給他們，只是為了叫他們看見，基督的統治是怎樣遍及創造的每一角落。統治者的虛張聲勢被降卑，因為基督已在祂的死和復活裏擊敗了他們，因此，教會可以充滿信心地向這等統治者說話。所有受壓迫的人民，都將得到復活所帶來的解放。也就是說，教會必須先走向那些受壓迫的人，當它發現耶穌原來已經在那裏時，亦不應感到驚奇。

由於教會對於基督在世間所行的令人意想不到之事，持開放的態度，因此它亦會歡迎教外人的協助。正如耶穌不許祂的門徒禁止那些無名的趕鬼者奉耶穌的名行事（可九 38～40），同樣，教會亦確信復活的終極實在，不會抹去其他人的善行。「凡因你們是屬基督，給你們一杯水喝的，我實在告訴你們，他不能不得賞賜」（41 節）。教外人也被帶進來，因為國度甚至擴展至教會未及之處。因此，教會向世界作見證的時候，若它的信息受到歡迎而非被拒，它可能會感到驚奇，但最終必不至驚愕。它的信息之所以受到歡迎而非被拒，並不是因為它宣告的信息並不怎麼「新奇」，而是因為這信息的真確性，遠超乎那些宣告它的人所能領略的。對於其傳遞的信息的嶄新面向和意義，教會仍然保持開放的態度，但不是因為它懷疑此信息的真確性，而是因為真理是一個奧祕。

殉道者教會從來沒有得到特權得以永久敵對世界。由於世界已在基督裏蒙救贖、再造，教會必須尋覓基督國度已臨到世上的種種方式，將敵意轉化成款待，將衝突轉化為和睦，捨排斥而取接納。殉道者教會預備好受苦——

雖然它曉得受苦已不再是這宇宙的形態。它受苦，不是因為受苦「別具意義」，反而正是因為這世界已因基督的受苦而更新，苦難作為這世界之關鍵特色，已失去意義。在教會的見證，與基督徒為這見證受苦之間，並沒有必然的關連。這個世界對基督統治的持續抵抗，是個無可解釋的實在。這世界不會一直都抵抗福音，它在特殊的情況下對福音不加抵抗，乃是上帝的國的恩賜，是耶穌比我們先到加利利及更遠之境所帶來的無法估量的結果。

7

殉道和應許

我們永不需要反駁一名殉道者，因為殉道者被吩咐保持沉默，就連他們的沉默，也不論證。

若有人要跟從我，就當捨己，背起他的十字架來跟從我。

（可八 34）

馬可沒有把殉道浪漫化，我們亦不應如此行。對於「殉道者情意結」（martyr complex）——就是被死亡的念頭佔據心思，特別是富戲劇性或英雄主義式的死亡——我們實應予以懷疑。我們知道，宣揚福音不僅是定世界的罪，因此，基督徒的生命也不僅是挑戰殘酷的現實，更要以對上帝的國的盼望，對抗執政者、掌權者決定的命途。

然而，馬可拒絕將殉道浪漫化的理由，跟我們的理由不一樣。在西方的基督教時期和後基督教時期，我們很容易會把教會當作維持社會秩序的僕人，因它有能力管理社會秩序。基督徒仍主要被視為盡責的公民、社會支柱，也經常受託管理共善。殉道主張的觀念，與上述假設背道而馳。它主張在基督徒的責任和其他責任之間，存在著一種基本的不連貫；它主張，忠於上帝的國，跟忠於其他事物，兩者有著深刻的矛盾。我們不僅不立即承認這樣的衝突存在，還若無其事地照常行事；我們甚至辯稱，原則上，基督教信仰鞏固了某種責任，這種責任杜絕了殉道所代表的無所顧忌。

但再一次，這些都不是馬可的理由。馬可沒有質疑教會將會面臨迫害，他只考慮教會應如何作好準備。耶穌向門徒發出的關乎祂自己受苦的警告，不是純粹的資訊，或令人嘖嘖稱奇的預測，告訴你一位不凡的人物未來有何命途。假如這些話真的關乎耶穌自己，它們亦向教會發出。同時，這些話不是用來勾劃一套策略，藉著改變信徒的行為、控制他們的言論，或粉飾他們的舉動，以避免受到迫害。

反之，耶穌的話是帶著教育目的之警戒，為了裝備信徒及作出澄清。耶穌的門徒需要作好準備，迎接因跟隨耶穌而來的後果，甚至在他們朝耶路撒冷踏出第一步之前，就應該知道他們的委身的嚴肅性。在他們跟隨主的路途上，他們需要受訓，以至能堅定無懼地迎接敵對。與此同時，同樣關鍵的是，門徒要認清他們跟隨的是誰，還有耶穌蒙應許要統治的國度的本質。假如耶穌真是祭司長所嘲弄、想像的以色列王，祂會像他們所說的那樣，從十字架上下來，拯救自己（可十五 32）。祭司長無法想像到的是，若要救自己的生命，必先捨棄之；祭司長也想像不到世上竟有國度會根據這樣的原則運行。耶穌警告祂的門徒說，祂將會受苦和受死，但這不是說，祂永不會加冕為王，因此門徒要放棄；耶穌所說的是，他們因此要訓練自己的眼光，能看見十字架本身就是耶穌榮耀的巔峯。眼見，不單為了在路上跟隨耶穌，而是為了辨認分離、離別、羞辱、困惑，看到它們之所是：聚集之處、征服、得勝、理解、秩序。這樣的眼睛在明白了光的意義和黑暗的虛張聲勢後，能在黑暗中，甚至是最黑暗之時，看見光輝照耀。

馬可很現實地考慮到教會在一個充滿敵意的世界的處境。他不認為教會將會被呼召管治萬國，但卻花了不少篇幅談及教會將會在執政者和掌權者手下受苦。在萬國因得著耶穌基督的上帝統治而歡欣喜樂之前，耶穌基督在教會中的統治，卻觸怒了萬國。事實上，萬國之所以能得意洋洋，這本身已包含在基督的統治所引發的挑戰之中。馬可提到萬國中暴虐的領袖時也很現實，說他們「操權管束他們」（“lord it over them”，可十 42）。以人子受苦為至高典範，教會——作為僕人——施展權柄的方式，跟世上領袖的作風相反。但人子的受苦確認了萬國的確在操權管束他們的人民。

馬可對教會所面臨的敵對，作出了現實的評估，他將之放在歷史意義一個更廣闊的觀點之下，這歷史的意義乃是照上帝的理解導向終末，這歷史也由祂導向。無論甚麼事件，要明白其真正意義，都牽涉到正確評估某事件跟其他類似的事件之間的關連，這兩者的分別又是甚麼，有甚麼原因導致這些事件，它們又會產生甚麼後果。我們能明白某事物，是因為該事物可以歸入某個範疇或序列之中。任何歷史意義，似乎都受制於這些選擇。

但是，**從終末的角度**了解歷史的意義，到底是甚麼意思呢？與一般人的假設相反，這不是從一個優越的立場來解讀一連串事件，而是意味著我們從某些範疇得著釋放，這些範疇依附在我們對這世界的認知上，它們只會帶來人類的傲慢、偶像崇拜、向死亡屈服。[1] 傲慢所指的是，歷史的進程和意義取決於我們；我們稱之為傲慢，以揭示我們對於自己狀況的估量並不準確。偶像崇拜所指的是，我們不單拜偶像，甚至把自己的生命交託給我們自己的歷史產物；我們稱之為偶像崇拜，以揭示我們如此行是有罪和愚昧的。向死亡屈服所指的是，我們已明白生命的周期，又透過我們在其中所佔的位置，為我們的盼望設限；我們稱之為屈服，是為了提醒我們，這種盼望實在是太微不足道了。

耶穌的警告不是純粹的預測。作為預測，它們似乎會告訴我們一些關於未來的新資訊，但實際上它們只叫我們想起過去的事。我們相信祂的警告是預測，原因是它們符合我們對傲慢、偶像崇拜、死亡的偏好。假如它們與我們對某些事物的理解相違，例如世界如何運作、因果關係、可能性的範圍、生死的問題，我們便會摒棄這些預測，認為它們明顯是錯謬的。預測站不住腳——如果它們抵觸我們一般認為可預測的事態：弱者受苦、有權勢者得勝、進步總是好的、科技必將拯救我們。同樣，若說一件未來的事件，將違反尋常成就所需的時間要求，或違反有意義的工作所需的集體一致，我們會感到不可思議。

然而，假如我們能從以往發生的事得出結論，我們便不會充滿驚異地問將會發生甚麼事。當耶穌談及教會未來的生活，它的受苦見證，祂不是邀請門徒抽離他們身處的時空，以上帝的角度看事物。祂乃是要重新調校祂的子民現有的觀念，因他們認為未來乃是按照時間的順序來臨，與未來臨到其他人的方式一樣。構成耶穌的特殊洞見或門徒的特殊待遇的，並不是事件本身的深奧知識。事件的**意義**，才是那同時向門徒發出的邀請和提醒之特徵，也是這些事件在上帝那更宏大的救恩故事裏所佔的位置。這裏的重點正好**不**在於事件之無可避免，而在於事件令人驚奇之處，因為正常的事件序列已不再被視為具決定性。事件陸續發生，在更宏大的意義下因果相連，使這意義顯得符合常規——這些已經不再是掌管世間的生命之鑰；它其實從來都沒有掌管過。

因此，透過發展道德能力（moral skill），教會的自我認知被重新調校，教會需要這能力來認清，它未來的受苦乃是掌管在上帝手中。耶穌說的不是「這就是你會遇見的未來」，而是「如果你能夠看見，當事情發生的時候，你將會看見這未來，是**你的未來**」。有一個重大的危機，就是教會無法在耶穌的論說中——這論說關乎門徒的未來——辨認到它自己。

這不僅是個現代的問題，事實上，它也適用於馬可故事裏的門徒：他們在客西馬利園中衝突發生的那一刻，背棄了耶穌；那個赤身逃走的少年人，象徵他們在那一刻無法明白危機之本質。這跟教會在十字架前缺席沒有絲毫差別——當「背起你的十字架來跟隨我」的吩咐縈繞不離，提醒門徒他們已撇棄十字架，且拒絕跟隨耶穌。因此，這一幕帶著死亡的標記，而不是榮耀的標記，惟一的例外只有那個百夫長，他「對面站著」(可十五 39)，不是以跟隨者的姿態(跟隨者不會面對著耶穌)，而是以行刑者的身分，儘管如此，他仍發出了一句真確的認信，雖然當時教會並不在場。關於那些婦女，經文註明她們是耶穌以前的跟隨者——她們在加利利跟隨過祂——但現在卻遠遠地站著，從遠處觀看(40～41 節)。

這指出，「你們都要跌倒了」不像他們將會受苦的應許那樣，是一句論及終末的表述。這是預測，是耶穌預測門徒會軟弱、困惑、恐懼、昏睡、逃命，但他們卻激烈地否認他們會如此。相反，耶穌論到受苦的話，卻經常受到門徒的誤解和混淆。當耶穌的預測碰上門徒的否定，就像彼得在路上所做的那樣，門徒不是僅僅被駁斥，而是受到責備。彼得受到責備，因為他走到耶穌面前，阻礙祂前往耶路撒冷——耶穌剛解釋，此地意指十字架。彼得這樣做，並沒有跟關乎聖城發生何事的預測相違，但卻斷然顯出他在敵對上帝的歷史；在上帝的歷史中，十字架只在那些看見他們的受苦實現了(realizes)神聖的榮耀——縱然表面看來並非如此——的人當中。彼得拒絕承認這是歷史的意義。他沒有誤解耶穌說祂會受害的話，這些話對彼得來說再淺白不過，且激起他的怒氣。彼得誤解的是他自己稍早前所說的話——耶穌就是那位基督。跟馬太福音和路加福音的記載不同，在這裏，耶穌沒有因這句明顯正確的認信而稱許彼得，皆因彼得很快便顯得他根本不曉得何謂「基督」。

雖然「你們都要跌倒了」和「人子要受許多的苦」都發生了，但我們必須注意，只有前者（預測）是無益的，且是教會羞恥的源由。後者（應許）則是教會榮耀的巔峯——只要它跟耶穌一起背負十字架。兩者的差別很重要，因為它跟這些表述的通用情況互相矛盾。門徒無法保持警醒，而且隨後逃之夭夭，對於馬可的讀者而言，這不是個令人驚訝的故事轉折，這只不過是已發生的事件的延續，它與門徒在其他情況中所呈現的特徵乃因果相連。它並沒有挑戰他們的盲點，是他們無法看見所導致的自然結果。門徒在危機中失足，這沒有否定他們先前的恐懼，而是肯定了這種恐懼，並將之擴展至更高的層次。我們無需過問客西馬利園中的門徒將會遇到甚麼事情，因為從前面已發生的事情來看，答案昭然若揭。讀者不必詢問這些事件的意義，因為它們符合我們對世界運作的模式所持的既定觀點。

可是，當耶穌告訴門徒他們將會受苦，情況卻不一樣。門徒會受苦，正因他們沒有逃走，沒有對抗那些在晚間闖進來的兵丁，沒有為逃避刑罰而作假見證。耶穌謝絕這一切，並告訴他們，教會的生命和見證亦會謝絕這一切——**當這些預測失效之時**。假如教會像門徒那樣，繼續在盲目中不求甚解地跟隨，又在關鍵時刻逃走，那麼它永遠不能在世界的不信面前，有分於十字架苦難的應許。當教會撇棄十字架的重擔，誤解真正的榮耀的本質，它永不會了解基督榮耀的喜樂。

教會之所以能有分於基督受苦的榮耀，是因為它選擇應許而非預測。它發覺自己的不忠，乃來自它對標準的因果關連的依賴，這標準的因果關連乃透過預測得知，因此它無從得知真正新穎的事物，或跟以前發生過的事不同的事情。[2] 教會跟它的偶像全然匹配。教會透過將自己託付給自己的歷史產物，定了自己離棄耶穌的罪——耶穌預告了這情況，教會只通過因果推論得知。這點顯出，了解預測，比了解應許更容易些。預測是藉著信靠「於當下闡釋過去的意義」所得。因此，預測使我們以拜偶像的態度來閱讀人類的歷史，視之為我們自己的創作，它所得出的無可避免的結果，就是一個容不下十字架的宇宙。這樣的宇宙是「你們都要跌倒了」這句話成真的必要條件。

另一方面，應許乃是藉信心得知，就是在我們跟隨耶穌進入一個令人驚奇的未來時，所實現的信心。這未來充滿驚奇，是因著承諾應許者所擁有的成全應許的自由，也因著承諾應許者持續地臨到那些承受應許的人當中。當教會於基督受苦的榮耀中無分時，它不單以拜偶像的態度，認定它自身是歷史的明確意義的繼承人；它亦拒絕那位承諾應許者的臨在，就是復活的基督的靈澆灌在那些離棄耶穌的人身上。如此的教會雙重否認了基督的復活。它會說沒有甚麼值得驚奇——當它的生命一直具備預測的特色，以及將它現在的身分交由它的過去決定。它亦透過拒絕驚奇，來保障自己不至遇見復活的基督。這些否定加起來，意味著教會希望在不信靠上帝應許的情況下認知未來。[3]

有鑑於此，這裏又多了一重諷刺。在馬可福音，教會在面臨危機的那一刻背棄耶穌，明顯是因為祂顯得無能或不願兑現祂的應許。無疑，祂應許的比這些更多；無疑，祂曾展現更大的能力。但萬一祂從沒有應許一個解放的國度呢？萬一祂從沒有應許要帶領祂的門徒得勝呢？

耶穌的門徒的記憶帶有選擇性，他們只記得某些應許，卻忘記其他應許。對於耶穌的權柄，他們表現出一種偏好，並將之理解為傳統意義上的勝利：「他用權柄吩咐污鬼，連污鬼也聽從了他」（可一27）。但他們總是誤解或輕易遺忘僕人的權柄。謙卑被優越取代——不是在十字架上，而是在十字架面前；不是在榮耀的巔峯——犧牲，而是在路上放棄犧牲。門徒的憶記、憶錯乃來自他們對世界如何運作的認知：強者打敗弱者；弱者變得強大後擊退強者；一個國度被另一國度以武力取代。不管耶穌應許的實際內容如何，某些門徒可能心裏在想，耶穌無法兑現祂得勝的應許；對於這些門徒來說，現況基本上是不容置疑的。祂的應許因此又被預測取代了。

假如應許異於預告或預測，那是因為應許觸犯了我們對工具性（instrumentality）所作的假設。假如受苦與迫害是應許了會發生的事情，這就不是出於工具的理由，而是基於此應許所指稱的恩賜：應許本身和承諾應許者持續的臨在。這點指出了另一個今日的教會之所以會誤解殉道的理由：它誤以為殉道是達至某個目標的手段，是為了證明另一些事物，是為了作出某種聲明。這誤解可見於我對責任所作過的討論：當殉道與政治責任或社會責任產生衝突，後兩者所成就的，被認為比殉道所成就的更好。如此，殉道就被誤解了，原因很簡單，因為殉道被當作工具來運用。[4]一所殉道的教會能做更多善事——假如它拒絕殉道。當為人父母者殉道，他們只完成了一件事，但卻撇棄了養育兒女的責任。[5]這類反對意見的問題，不在於它們錯誤地計算了相對於其他的善，殉道有何優勝之處，而是它們首先錯誤地假設了殉道與善的關係，是工具性的。

其實，殉道本身就是一份恩賜，它不是為了成就其他事情的途徑。殉道者受死，並不是為了立論。他們不是想顯示基督徒的勇氣、世界的邪惡、基督教信仰的誠信與真實、信徒道德承擔的一致性，甚或上帝值得信賴這事實。這一切可能都是對的，也可能牽涉到殉道者的所想所行。也許殉道者之所以能無畏地面對死亡，這些對他們來說不可或缺。但這些都不是耶穌應許的殉道該有的意義。同樣，殉道者並不是要向萬國澄清勇敢和愚昧之間的區別，也不是要顯明盡責的真義。這些全都不是殉道者要做的；他們只**表達**一件事，就是他們的生與死之意義由上帝賦予。[6]

馬可將殉道之非工具性，放在受迫害的人自由發表的證詞中。「人把你們拉去交官的時候，不要預先思慮說甚麼；到那時候，賜給你們甚麼話，你們就說甚麼；因為說話的不是你們，乃是聖靈」(可十三 11)。假如殉道本身就是一份恩賜，那麼基督徒在審判中說的話或沒有說的話，都同樣是恩賜。對於要說甚麼話沒有絲毫焦慮，也是恩賜。焦慮的言論，是企圖成就一些它自身以外的事物，它嘗試操縱聽眾的同情心，將之導向特定的方向；它企圖只道出那些能產生他們想要的效果的言語。焦慮的言論不贊同只說那賜給他們的話——只說那些話，不再多言。它無法在平安中安歇，這平安來自不需說服聽眾相信證詞是真確的，或被告的一方是無辜的。焦慮的言論之所以焦慮，正因為它嘗試操縱它的結果。它控制和利用言詞，企圖主宰它作的證詞之真確性。[7]

耶穌那受迫害的門徒，跟非工具性之證詞，這兩者的關係相當異常。一方面，被告的一方明顯是被召作見證的一方。他們所宣告的真理，部分是這宣告本身的特點。其本身的特點並不能證明甚麼，但由於教會只憑藉它所宣告的內容而存在，從這個意義上來講，它無法在沒有代表自己言說的情況下，仍能真誠地言說。如果耶穌復活了，那麼「耶穌復活了」這宣告，便是耶穌復活的故事的一部分。[8]因此，只要教會一直傳講這故事，它便要傳講這故事**本身**。但另一方面，即使被告的一方作見證，賜下言說恩賜的，仍是聖靈。從這個意義上來講，教會顯然並**不是**代表自己言說。它拒絕自己的直覺和即時反應，不信任它的最初回應，又限制自己，不至極力把自己的證詞修飾成具說服力的講章。這樣做，教會便見證了上帝的恩賜是持續不息的實在，一直與教會同在，並且當教會被召說明它自身存在的情況時，這恩賜顯得特別強烈。

此外，一個殉道者的證詞之真確性，和這個殉道者之死的意義一樣，兩者都是恩賜。應許是認知恩賜的途徑。我們認知到恩賜，不是透過掌握它，而是讓承諾應許者自由地成就祂的應許。有應許，卻沒有承諾應許者，這是不可能的。[9] 掌握應許，會把應許扭曲成粗暴的知識，失去驚奇，且遠離那位承諾應許者自由的行動。最終，掌握這舉動實際上導致承諾應許者之死，正如兇惡園戶的比喻中那個承受產業的兒子，他不單遭到毒打，更被殺害（可十二 7～8）。他雖然受傷了，但仍將根據遺產的應許繼承葡萄園，惟有他死了，園戶才能將園子據為己有。

同樣，一個死去的耶穌，容許一種被掌握、控制、操縱的知識。應許被解開，脫離其起點和終點，成了隨處飄蕩的言詞、句子，供人按著便利、說服力、辯護、意識形態使用。這樣的言語不可能構成真確的證詞，因為應許的真確性，永遠只連於賜應許給我們的那一位持久不息的信實。很諷刺地，掌握與控制是為了從應許釋出知識，希望能直接與知識接觸，但實際上卻適得其反。這樣的知識可能有利於達成某些目標，但已不再是**真確的**知識，皆因直接的理解（direct apprehension）已被揭示是一種錯誤的觀念，在當中，那被理解的事物，它任何新意，或任何真實的內容都被抽空了。一個死去的耶穌意味著死知識。

相反，聖靈是復活的基督的靈，祂的臨在，乃有賴於耶穌應許了門徒，將一直跟他們同在，不會離棄他們。上帝給我們的恩賜是，聖靈繼續賜下應許的眾多恩賜——出乎意料地、暫時地，在有需要的時刻。沒有恩賜能變成邏輯上的必然，若然如此，它便不是恩賜了。也就是說，聖靈的來臨，不由我們透過預告和預測、靠知識去理解，而是取決於應許。正如整個創造乃是純粹靠著恩賜而存在，正如上帝並不需創造任何事物，因此，由聖靈創造的教會，亦同樣由上帝持續的同在踐現，上帝在當中成就祂要創造一羣聖潔子民的神聖應許。聖靈一切的恩賜，正如教會這恩賜，都是偶在的（contingent）創造。這點對於那些被召在官長和君王面前，為耶穌作見證的門徒，也是真確的。門徒不需在受審前準備好一篇講章，這不僅是減省他們的重擔的途徑。在受審時沒有預備該怎樣說，這本身就是門徒為復活作見證的一部分，他們見證的就是基督已經高升，差派聖靈，還有上帝賜下了各樣美善的恩賜。

殉道產生影響的方式，跟我們一般認為的事情的產生方式不同。[10]殉道者之死絕非全然沉默，其所繼承的也必不至無果，因為有些人願意為他們的信念捨命，有些人對某些人的頑強意志印象深刻。我們無法從因果判斷中得知殉道的影響。我們無法計算這冒險行動的後果。正如殉道者的行動不是基於這種知識，殉道不會作任何預測或預告。殉道者的死不會湧流出任何知識，因為殉道不為證明任何事情。尼采正確地指出，我們永不需要反駁一名殉道者，因為殉道者被吩咐保持沉默，就連他們的沉默，也不論證。[11]

能從非工具性的角度看殉道，就能關鍵和正確地理解殉道者的死，看到它乃是連於他們所作的證詞之真確性。他們面對死亡的無畏，並不是為了證明一個更基本的實在，例如他們的信念之堅定，或他們申辯的盼望。其實，殉道者的無畏本身就是非工具性證詞的一部分。死亡沒有終止證詞，死亡是證詞的一部分。工具性地言說殉道，靠的是把證詞工具化，使之顯得更普遍；可是，這正是不可為之處。殉道並不是為福音作見證的一個特例或特定範疇。它只是見證通常出現的一種形式——當它不是要透過證詞成就甚麼。在一個殉道極少發生的處境下，我們至少要問：我們有沒有把證詞工具化？抽離地掌握之，如此的證詞根本就不可能是真確的。[12]

那些為了不真確的事而受苦的人，他們構成一種「悲劇」。這揭示了前文中我們已經提到的兩件事。第一，這指出當人為著某些事情受苦，這並不能保證那事情就是真確的。殉道者情意結的病徵是一種粗暴的企圖，它逃避脆弱，這種脆弱來自在言說真理時不設法說服人家接受我們所說的是真理。這種企圖表示，對於別人擁有不信的自由，我們感到不耐煩。這種心態流露出一種不安，它不能在沒有強迫所有人的情況下，承載自己的知識。簡言之，這是一種懷疑。這種懷疑也許解釋了為何殉道有時會遭受誤解，或被應用在戰死的鬥士身上。在新約中，殉道者受死，不是因為他們為了正確的事而戰鬥，而是因為他們**拒絕**為了真確的事而戰鬥。鬥士基本上是在懷疑他所信的是否真確，並焦慮地想掌握之，寧要可靠的知識，不要不確定的應許——應許只靠信心確定。鬥士不堅守他們的信念的真確性。

第二，那些為了不真確的事而受苦的人，他們的悲劇不僅於此。真正的悲劇乃是，「受苦作為證明」(suffering-as-proof) 事實上真的證明了一些事情，雖然無濟於事，但它很可悲地證明了一些更庸俗和煩瑣的事物，不是他們本來想證明的。假如殉道者能證明真理——即他們被視作**為了**某些目的而受苦——那麼他們受苦的目的，只會顯得是一些「在脫離了偶在的應許和恩賜的情況下，仍能被了解」的事物。此目的被視為邏輯上必然的事情，而殉道的功用，則變成邏輯論證中的工具化步驟，推向一個結論。[13] 可是，由於這樣的真理服從一種受制於因果關係的知識，如此，殉道者捨命的信念就被揭穿——它只是不斷重複的見解，被一成不變地吹噓成新穎或使人得釋放的道理。

然而，這一點不可以反過來說。當某宣稱因有工具化傾向而構成悲劇，這並不能證明其對立面是正確的。這並不表示非工具化的宣稱是真確的。事實上，非工具化宣稱的明確特色，就是它們是偶在的，向反駁開放，脆弱，不必然真確。殉道並不證明真理，但如果某些事物不能產生殉道者——這些人不單不**為**他們的信念而死，更重要的是，他們也拒絕為之而戰鬥——我們便很難看到甚麼是真確的。這並不是説，真正的殉道者，只有當他們相信自己的信念有可能是錯誤的時候，才是真正的殉道者。殉道者對真理的確信，要靠一種知識來描述，這種知識相信上帝的應許、歡迎上帝的恩賜。這無關乎任何信念——就是那些叫每個理性的人都必須相信它們的信念——的內在特質。

馬可拒絕把殉道浪漫化的原因，跟我們的原因不一樣。當我們把殉道帶進論證之中，情況更是如此。在這種情況中，一點也不令人驚訝的是，我們會偽造一種相應的認知方式，一種沒有死亡的風險的認知方式。我們不僅拒絕把殉道浪漫化，也積極地拒絕之，轉而支持一些看起來更有力的必然性和暴力的形式、更有説服力的護教學、更吸引普羅大眾的知識。但啟示錄中的卷軸面對此種掌握，仍緊密封閉。能打開它的人，其打開書卷的能力本身，就是偶在的恩賜所帶來的驚奇，那恩賜，是聖父賜給聖子——被殺的羔羊——的榮耀和能力的恩賜。只有羔羊被宣稱配得打開封印，讀出書卷的內容：教會的殉道者的見證被上帝使用，帶來萬國的悔改。[14]這種工具性，來自純粹的應許和恩賜。殉道者的死在歷史中具有意義，因為羔羊配得打開書卷。他們的見證的榮耀延綿不絕，跟上帝的臨在一同遍及整個創造，以至墮落的萬國的救贖——特別透過某些人的死，揭露了掌權者的暴虐。關於那些為了真確的見證，在生死交織之處受苦的人，他們只為下列對象所理解：就是那些堅持透過十字架和基督的復活來理解歷史意義的教會；以及那些當羔羊打開封印的時候，高唱應許的新歌——一首惟有他們能唱的歌——的信徒。對於那些能夠理解的人而言，這歌是賜給那些保持沉默的殉道者的，好讓他們能放聲高歌。

註釋

導論

1. 潘霍華（或譯「朋霍費爾」；Dietrich Bonhoeffer）如此論到殉道是一種恩賜。見 *The Cost of Discipleship,* trans. R. H. Fuller (New York: Touchstone, 1995), 89。

第 1 章：溺斃之水

1. 在《耶穌政治》（*The Politics of Jesus,* 2nd ed. [Grand Rapids, MI: Eerdmans, 2000], 51）一書中，尤達（John Howard Yoder）討論到那些在以馬忤斯路上的門徒難以看到十字架是榮耀的巔峯。
2. 麥卡比（Herbert McCabe）討論到受苦和榮耀之間種種的弔詭，他更進一步注意到，當馬可寫這些內容的時候，雅各已經在耶路撒冷殉道。見 *God, Christ, and*

Us (New York: Continuum, 2003), 43。當然，這裏的弔詭是雙重的，因為耶穌的答覆揭露了雅各和約翰的誤解，使我們能確定，他們不自覺地道出了真理。

3. 因此，阿奎那（Thomas Aquinas）主張，有分於基督的受苦的人，縱使沒有接受水的洗禮，仍可獲得水的洗禮的聖禮效果（*Summa Theologiae* 3.66.11）。拉納（Karl Rahner）評論這傳統的時候指出：「那些原本透過洗禮這聖禮記號來象徵和彰顯的，在殉道中單純地實現了」（*On the Theology of Death* [New York: Herder and Herder, 1961], 102～103）；他接著說，儘管正常來講，殉道不能被稱為聖禮，但這並不是因為殉道不足以被稱為聖禮，而是它過於聖禮所意味著的。

4. 從這個邏輯的反面來看，格雷戈理（Brad S. Gregory）引用居普良（Cyprian）的論點，後者主張一個人必須是教會的一分子，才能成為殉道者。這裏的意思是說，異教徒也可作殉道者，但是由於他/它拒絕了基督奧祕的身體（mystical body of Christ），因此這人的殉道便欠缺了仁愛（charity）。見 Brad S. Gregory, *Salvation at Stake: Christian Martyrdom in Early Modern Europe* (Cambridge, MA: Harvard University

Press, 1999), 330。

5. 在這裏，我沿用邁爾斯（Ched Myers）對這段經文的解釋，他主張：「國度的增長，既不明顯，也不可控制」（*Binding the Strong Man* [Maryknoll, NY: Orbis, 1988], 179）。
6. 啟示錄十一章 1 至 13 節明確提到這應許。
7. 因此，J · 史密夫（J. Warren Smith）論說：「真正的殉道者不是受**忿怨**（ressentiment）驅動的」。殉道者信靠上帝賜給他們（並延至全體教會）的應許，這使他們對迫害他們的人存溫柔的心。J. Warren Smith, "Martyrdom: Self-Denial or Self-Exaltation? Motives for Self-Sacrifice from Homer to Polycarp—A Theological Reflection," *Modern Theology* 22, no. 2 (April 2006): 190。
8. 雖然士提反是第一位殉道者，但他不是第一位見證人（*marturia*），因為不是所有見證人都是這種意義上的殉道者。正如巴特（Karl Barth）指出，士提反是一名殉道者，這不是因著他受死，而是因為他是一位見證人（*Church Dogmatics* 4/3.2, trans. G. W. Bromiley et al. [Edinburgh: T & T Clark, 1956 ～ 1975], 611）。

在這裏，巴特某程度上呼應了奧古斯丁（Augustine）的立場，後者在他對詩篇三十四篇所作的闡釋中提到，令殉道者成為殉道者的，是他們為了甚麼緣故而死，而不是他們遭受到的懲罰。這一點成為奧古斯丁對抗多納圖主義者（Donatists）、路德對抗信洗派（Anabaptists）的理據。

9. 我在這裏所說的，是我們一般稱為「國家」（the state）的政體，而不是新約提及的「萬民」（the nations, *ethnos*）。然而，在基督裏，萬民（透過納入外邦人）之相對化（relativization），肯定也擴展至它們**存在**的邏輯。正如自從上帝的靈建立了教會後，城邦（*polis*）已不再是真正的政治協商的對象；同樣，鑑於上帝創造了新人類，由宗族（clan）和種族（race）構成的萬民已不再具有本體論上的立足點。關於城邦之相對化，特別是使徒行傳中表達的，見我的文章 "Free Christian Speech: Plundering Foucault," *Political Theology* 8, no. 1 (January 2007): 63 ～ 81。若我們不能再根據所謂的「救恩之必要性」（salvation-necessity）來說明國家之存在，我們肯定也不應再想當然地把脅迫（coercion）的觀念用來描述所有國家。這就是為甚麼巴特堅持暴力之於國家是異乎本質的行徑（*opus alienum*）（*Church Dogmatics* 3/4, 456）。很諷刺地，有些人揚言國家必然是實施脅迫的政體，他們藉此試圖拒絕國家的終極權力，但他們所用的語言反而合理化了國家的存在。有許多學者，像尤達、以祿（Jacques Ellul）、埃勒（Vernard Eller）等，他們使用權力語言譴責君士坦丁的政權為基督教套上了刀劍的枷鎖，他們對上述這一點並不是那麼清楚。不過，我相信他們的核心洞見是正確的：權力墮落腐敗，即使它們不是高壓的政體，也只是碰巧如此；因此，基督教國家是一種偶像崇拜（不是必然如此，只是可能這樣——我們可以說，基督教國家一**直是**，或**曾經是**偶像崇拜；或說，崇拜偶像不一定與國家等同，它是一種觀念，就是認為除了脅迫，上帝的權能並不足以成就祂的目的）。

第 2 章：背負十架

1. 巴特的觀察亦暗示了這一點。他注意到新約從來沒有用過**作門徒**（discipleship）這個實詞（substantive word），這裏的意思是，跟隨耶穌的呼召一直都是巴特所指的「事件」（event），而非一個普遍的概念。

見 *Church Dogmatics*, 4/2, trans. G. W. Bromiley et al. (Edinburgh: T & T Clark, 1956～1975), 534。

2. 克拉夫（David Clough）據此成功地為巴特倫理學辯護，他主張我們必須以一種辯證的模式（dialectical mode）思考，才能避免把基督囚禁在一個思想系統之內。這裏的意思是說，任何正統的基督徒倫理，首先都是基督論。David Clough, *Ethics in Crisis: Interpreting Barth's Ethics* (Aldershot: Ashgate, 2005)。
3. Dietrich Bonhoeffer, *The Cost of Discipleship,* trans. R. H. Fuller (New York: Touchstone, 1995), 88.
4. 吉拉德（René Girard）主張，使基督教殉道有別於其他形式的殉道的，乃是基督教殉道者受死，不是為了讓人仿效。見 Henri Tincq, "An Interview with René Girard," *Le Monde*, November 6, 2001。這樣概括所有非基督教的殉道，也許是個錯誤，但吉拉德的言論中，有一點肯定是正確的：希望其他人一起受死的人，不可能是基督教殉道者。
5. 卡斯泰利（Elizabeth A. Castelli）記錄了大量資料，指出實際上，殉道者被記念的方式既複雜，有時又不幸地受到意識形態左右。見 Elizabeth A. Castelli,

Martyrdom and Memory: Early Christian Culture Making (New York: Columbia University Press, 2004)。

6. 侯活士(Stanley Hauerwas)討論瓊斯鎮(Jonestown)發生的「革命式自殺」(revolutionary suicide)時認為：正因為那些人自殺是為了革命，因此他們不是殉道者。見 *Against the Nations: War and Survival in a Liberal Society* (Notre Dame, IN: University of Notre Dame Press, 1992), 102。當人民廟堂(People's Temple)因為世界不歡迎他們希望在世間創立的那類羣體，從而發出抗議(嘗試判斷世界)，結果是，人民廟堂逃脫不了一種命途，就是他們的死受制於他們所敵對的世界，這令他們成為這世界的受害者。沒有人為他們似是而非的殉道辨明出甚麼意義來，皆因沒有人為他們的生命和見證辨明真與假。

7. 我無意涉足關於基督教殉道觀之源頭的辯論，雖然我認同博亞榮(Daniel Boyarin)的見解，他主張我們應該視殉道為一種「論述」(discourse)，而非單一事物，例如關於橫死個案的文字描述。見 Daniel Boyarin, *Dying for God: Martyrdom and the Making of Christianity and Judaism* (Stanford, CA: Stanford

University Press, 1999), 94。當基督徒辨明如何記念他們的殉道者時，會發覺殉道本身並不是一個簡單的概念。

8. 另一邊廂，當我們太隨意地把關於殉道的描述，應用到那些既不戰鬥也不逃命的人身上，我們即面臨另一個危險。正如卡斯泰利所言，當我們這樣做，暴力和真理便會糾纏在一起，並且烙印在羣體的記憶之中，這羣體刻著**殉道者**的標籤，以至殉道者見證之真確性，乃是根據他們所承受的暴力來確定。卡斯泰利討論給殉道者作聖人崇拜（hagiographic cult of martyrdom）時，提到一九九九年於科倫拜高中（Columbine High School）被殺的伯爾納（Cassie Bernall）。卡斯泰利憂慮的是，古老的基督教殉道傳統，被概括成像伯爾納這類當代例子，堅稱「死亡是一個能產生意義的事件，真理和暴力無可避免地互相指涉——實際上，前者需要後者」（Boyarin, *Martyrdom and Memory*, 196）。至少，這表明每當死者被奉為殉道者予以記念，暴力和真理的關聯就沒有消失，這樣可能只會延續暴力本身之必然性。我們只需想想，發動自殺式炸彈襲擊的人被奉為殉道者的現象。

9. 見馬可福音十二章 1 至 12 節，我們將會在下文討論這段經文。

10. 拉納訴諸阿奎那給 *Sentences* 所作的註釋，主張我們必須擴闊殉道的概念，把那些保衛社會，對抗信仰的仇敵的鬥士也包括在內。見 Karl Rahner, "Dimensions of Martyrdom: A Plea for the Broadening of a Classical Concept," in *Concilium*, ed. Johannes-Baptist Metz and Edward Schillebeeckx (Edinburgh: T & T Clark, 1983), 9 ～ 11。拉納質問，為甚麼大主教羅密歐（Oscar Romero）為正義「鬥爭」，卻不能被視為殉道者。但如果拉納要建立他的論點，他必須訴諸一種抽象概念的壁壘分明的二元分類：**主動**之殉道和**被動**之殉道。可是，我懷疑這些範疇無法承載拉納希望它們能承載的。此外，現實的情況是，爭取公義遠非必須使用暴力。卡瓦諾（William T. Cavanaugh）呼籲我們打破認信基督的「宗教」含義與「政治」含義這兩者之間的分野，他的呼籲點出了拉納的關注中正確的地方（見 William T. Cavanaugh, *Torture and Eucharist* [Oxford: Blackwell, 1998], 62）。這讓我們想起一個問題：到底潘霍華是不是殉道者？雖然我們對此並沒有一個清晰的答案。關於這點，見斯萊恩（Craig J. Slane）詳盡的著作 *Bonhoeffer as Martyr: Social Responsibility and Modern Christian Commitmen*t (Grand Rapids, MI: Brazos, 2004)。

11. 正如奧爾波特（Gordon Allport）及波斯特文（Leo Postman）在 *The Psychology of Rumor* (New York: Russell and Russell, 1965) 裏主張的，風聲／傳聞（rumor）不是私有的現象，因為它需要合理的架構，以便接收與傳遞。「每則傳聞都有它本身的公共空間……哪裏涉及公眾利益，那裏便有這公共空間存在」（頁 180）。類似的見解見 Jacques Ellul, *Propaganda: The Formation of Men's Attitudes* (New York: Vintage, 1973), 287～294。
12. Friedrich Nietzsche, *On The Genealogy of Morality*, trans. Carol Diethe (Cambridge: Cambridge University Press, 1994)，特別見於第三篇文章。
13. 禁慾苦行最好譯成「踐行」或「訓練」，並且只有在下列情況才跟自我否定有關：訓練自己做一些需要專注的事情，那種專注必然取代其他事物。見 Michel

Foucault, *The History of Sexuality*, vol. 2, *The Use of Pleasure*, trans. Robert Hurley (New York: Vintage, 1990), 72 ～ 77 及 Pierre Hadot, *Philosophy as a Way of Life: Spiritual Exercises from Socrates to Foucault*, trans. Michael Chase (Oxford: Blackwell, 1995)。

14. 格雷戈理引用中世紀的例子，指出殉道有助於表達不同形式的苦修主義。見 Brad S. Gregory, *Salvation at Stake: Christian Martyrdom in Early Modern Europe* (Cambridge, MA: Harvard University Press, 1999), 313。

15. 這種說法表面上跟巴特的看法互相矛盾，後者主張「殉道或見證之行動，惟有在特殊處境下的特殊召喚之基礎上，才能實現」(*Church Dogmatics* 3/4, 79)。然而，巴特之所以認為殉道是「特殊」的行動，是由於我們不能追求殉道；殉道是一個召命，它涉及另一組德性。因此，我傾向贊同巴特，但強調一個不同的重點。

第 3 章：注目榮耀

1. 馬可無疑展現了一種諷刺：雖然耶穌是基督，祂這身分只能透過跟隨，才能被認知（正如我在下文所主張的）；某些看似跟隨耶穌的行為，實際上卻是另一種抄捷徑的舉動。見 Stanley Hauerwas, *The Peaceable Kingdom: A Primer in Christian Ethics* (Notre Dame, IN: University of Notre Dame Press, 1983), 74。

2. 彼得在馬太福音裏得到恭賀。
3. 同樣，巴爾塔薩（Hans Urs von Balthasar）在 *A Theology of History* (San Francisco: Ignatius, 1994) 中，形容耶穌論及自己時「從不企圖定義祂的身分有何特質，全都是為了踐行祂的使命」(頁 32)。我們預計這也涉及教會的層面，因為耶穌的使命也包括教會的建構，教會的建構來自它對耶穌身分的認信。
4. 這樣理解彼得的認信，部分是採用伯登(Christopher Burdon)的立場，見 *Stumbling on God: Faith and Vision Through Mark's Gospel* (Grand Rapids, MI: Eerdmans, 1990)。我對馬可福音的解釋，大部分得歸功於伯登優秀的作品。
5. 正如威廉斯(Rowan Williams)指出，「當復活的基督最終被辨認出時，祂必然也被辨認出**是**被釘死的那一位」。在這種意義上，登山變像無異於復活事件。見威廉斯的 *Resurrection: Interpreting the Easter Gospel* (London: Darton, Longman and Todd, 2002), 79。換言

之，復活事件和登山變像都充滿榮耀，這是因為兩者都呈現出耶穌的身分就是被釘死的那一位。如是者，沒有能力看見「被釘死的」的那一面，便意味著無法看見「榮耀」的那一面。

6. 啟示錄七章 14 節：「這些人是從大患難中出來的，曾用羔羊的血把衣裳洗白淨了。」亦見邁爾斯關於耶穌衣裳的討論：*Binding the Strong Man: A Political Reading of Mark's Story of Jesus* (Maryknoll, NY: Orbis, 1988), 250。
7. 正如耶穌在馬可福音九章 1 節提到的。
8. 邁爾斯論說：「這異象本身並非『宣告』的主題（比較可五 16），因為門徒不會明白**這異象的**意思，除非他們明白『復活』的意思。」(Myers, *Binding the Strong Man*, 252)。
9. 事實上，正如上帝無需創造世界，祂的榮耀也同樣不必倚靠受造界。我覺得上述兩點是互相補足的理由，以至我們可以說，受造界乃是在傳揚上帝的榮耀——也就是說，受造界自由地傳揚上帝的榮耀，並且因此（亦只因如此）有分於這榮耀，但這卻不是必然的。
10. 米爾班克（John Milbank）對利科（Paul Ricoeur）思想

中的敍述與解釋的討論很有用。見 *Theology and Social Theory: Beyond Secular Reason* (Oxford: Blackwell, 1990), 267。可是，我擔心米爾班克現已不再像他以前那樣賦予敍述優越的位置。

11. 因為萊西．史密夫（Lacey Baldwin Smith）預先採取了一個殉道的定義，結果導致他下結論說，耶穌的復活給殉道的觀念添加了「某些不公平」的元素。見他的 *Fools, Martyrs, Traitors: The Story of Martyrdom in the Western World* (New York: Alfred A. Knopf, 1997), 71。
12. 見 Gerald O'Collins, S.J., *The Calvary Christ* (Philadelphia, PA: Westminster Press, 1977) 第一章。這是關於「耶穌身為一名殉道者」的討論，內容很有見地，雖然採用的路線跟本書大不相同。
13. 見 Leonardo Boff, "Martyrdom: An Attempt at Systematic Reflection," in *Concilium*, ed. Johannes-Baptist Metz and Edward Schillebeeckx (Edinburgh: T & T Clark, 1983), 12～13。

第 4 章：逃避十架

1. 威廉斯的觀察很有見地，他認為透過拒絕戰鬥或拒絕逃命，門徒實際上比其他人更擅長活在這世界，他們的舉動對世上的權力系統構成威脅，因為他們拒絕合理化這類系統建立自己勢力的方式，就是憑藉暴力和恐嚇的手段。見威廉斯的 *Christ on Trial: How the Gospel Unsettles Our Judgement* (Grand Rapids, MI: Eerdmans, 2003), 111。

2. 緊接著登山變像，是另一則關於門徒沒有禱告的記載（可九 29），這編排似乎不是巧合。
3. 這問題在潘霍華的作品中，獲得充滿感染力的處理，見 *The Cost of Discipleship*, translated by R. H. Fuller (New York: Touchstone, 1995), 86 ～ 101。
4. 有一篇闡述登山寶訓的文章很有用，它指出為甚麼門徒並非只有這兩個選擇，見 Walter Wink, *Engaging the Powers: Discernment and Resistance in a World of Domination* (Minneapolis, MN: Fortress, 1992), 175 ～ 257。
5. 這就是為甚麼甘地（Mohandas Gandhi）認為，只有那些願意戰鬥的人，才能真正走非暴力的路線。否則，我們便無從區分非暴力與懦弱。另外，正如亞里士多德（Aristotle）所言，勇氣的展現永不是顯而易見的，因為一個願意戰鬥的人，可能只不過是個考慮不周的傻瓜。

6. 韋伯（Max Weber）指出，那些以祿稱之為「反革命者」（anti-revolutionaries）的人，將馬克思主義置於抵抗資本主義的位置，他們使用資本主義本身的理論結構，令蘇聯的高壓統治，無可避免地面對權力下放的結果。見哈維（David Harvey）在下列著作中對韋伯觀點的總結：*The Condition of Postmodernity: An Enquiry into the Origins of Cultural Change* (Oxford: Blackwell, 1990), 45。
7. 有兩篇出色的講論道出原委，見 William T. Cavanaugh, *Torture and Eucharist: Theology, Politics, and the Body of Christ* (Oxford: Blackwell, 1998) 及 Samuel Wells, *God's Companions: Reimagining Christian Ethics* (Oxford: Blackwell, 2006)。
8. 只有當聖餐禮真的是聖禮之踐現（enactment），情況才會是這樣，正如拉納在 *On the Theology of Death* (New York: Herder and Herder, 1961) 中論到：「事實上，假如聖禮真的是在展現這些符號所表達的內容，那麼這聖禮（聖餐禮）——我們在當中宣告祂的死的奧祕——

便使祂的死在我們裏面實現」(頁 76)。

第 5 章:遙距觀望

1. 為了強調對話部分,這兩段經文稍經修改。
2. 伯登指出,在馬可福音裏面,「尋求」(seek 或 seeking)一直都跟意圖操控有關(*Stumbling on God: Faith and Vision through Mark's Gospel* [Grand Rapids, MI: Eerdmans, 1990], 47f.)。當然,其他福音書使用這些詞語時,有更正面的意思,例如「尋找,就尋見」。
3. 無疑,這是個有著悠久歷史的神學問題。但我們可以參考詹森(Robert W. Jenson)的 *Systematic Theology* (Oxford: Oxford University Press, 1997), 1:171 ~ 174。詹森主張,即使亞當沒有犯罪,聖子仍會與創造同在,因為這個問題不單涉及救贖,也涉及創造,這兩個觀念互相指涉。道成肉身是最初的創造(initial creation)得以**成就**的關鍵部分,它不僅僅**恢復**創造;這個觀念與巴特的想法一致,後者堅持創造和救贖兩者源自上帝**單一**且**不可分割**的決定。巴爾塔薩(Hans Urs von Balthasar)論說,對巴特而言,這是他的整個創造論的基礎。見巴爾塔薩的 *The Theology of Karl*

Barth (San Francisco: Ignatius, 1992), 204。

4. 以罪作為起點的想法是根深柢固的。尼布爾（Reinhold Niebuhr）認為從實際的角度而言，杜絕這種做法是有勇氣的表現。可是，在許多反對以罪作為起點的理由之外，我們還要了解到，以罪作為起點的想法，會叫十字架的「喜樂」顯得令人費解（來十二2）。這是耶穌預期祂在高升中得到的喜樂，它並不是一種因受苦而生的情緒反應；雖然耶穌的復活緊接著釘十字架事件發生，但其遍及宇宙的應用，卻涉及一種源源不絕的豐盛，這豐盛遠超過克勝十字架（透過確切的逆轉來克勝）所需要的。復活從十字架開拓的空間湧溢，使福音成為好消息。
5. 在我說神學家不一定能成為最好的殉道者時，我顯然沒有意思要讓神學家們置身事外，因為我們也肯定必須下結論說，不能成為殉道者的神學家不配作神學家。
6. 威廉斯指出，解釋十字架的苦難，很容易會被理解成合理化受難者的正確性（rightness），見威廉斯的 *Resurrection: Interpreting the Easter Gospel* (London: Darton, Longman and Todd, 2002), 70。
7. 用麥卡比的話來說：「福音的傳揚並不是向你解釋上

帝，而是使你準備妥當、向上帝開放、變得脆弱。」（Herbert McCabe, *God, Christ, and Us* [New York: Continuum, 2003], 144）。

8. 奧古斯丁在不同的背景下指出一個相若的觀點，他反對一些人高舉心智（mind），使之成為判定甚麼是構成真知識的惟一標準。見 *De Trinitate* 14.13。

9. 見哈特（Julian Hartt）的 *Theological Method and Imagination* (New York: Seabury, 1977), 239。同樣，弗賴（Hans Frei）指出這是敍事文體的意義的獨特之處：「特別是在敍事之中……意義跟言語幾乎不可分割——從作為踐行模式的故事之描述形態觀之，要在這結構之下的更深層尋找意義（另一個『主題』），既沒必要，也沒有用處。」見弗賴的 *The Eclipse of Biblical Narrative: A Study in Eighteenth-and Nineteenth-Century Hermeneutics* (New Haven, CT: Yale University Press, 1974), 281。雖然如此，現在的敍事神學可能已過度重視這種文體本身，以至脫離了有關以色列和耶穌的特殊敍事。

10. 見維根斯坦（Ludwig Wittgenstein）的論說，他說明了當我們説服他人接受一朵盛放的鮮花會令人驚歎時，為甚麼我們擁有的，只有這訴求：「單單看著它盛放！」Ludwig Wittgenstein, *Culture and Value*, trans. Peter Winch (Chicago: University of Chicago Press, 1984), 56e。無疑，如果我們想看見榮耀，就必須擁有一種經細心訓練的審美能力，以至能持續以愛和驚異之情看事物，例如花朵。這裏的意思是說，我們必須在敬拜中使用十字架，即使只是為了學習怎樣觀看它。

第 6 章：無視「復活的那一位」

1. 見邁爾斯的 *Binding the Strong Man: A Political Reading of Mark's Story of Jesus* (Maryknoll, NY: Orbis, 1988), 368～369。在文學層面，馬可採用了邁爾斯稱之為「再聚」(regathering)的文學技巧，就是讓迥然不同的情節元素重現，並且反過來賦予稍早出現的情節元素意義。正如韋爾斯(Samuel Wells)所主張的，這是上帝終末的工作，就是把失喪的人也納入上帝的故事裏，如此，他們稍早前的困惑，由故事的結尾來敍說，見韋爾斯關於「再合」(reincorporation)的討論，Samuel Wells, *Improvisation: The Drama of Christian Ethics* (Grand Rapids, MI: Brazos, 2004)。正如我在本

章所主張的，馬可故事的結尾，並非福音的結尾，也就是說，那些情節元素最後只能在馬可的敘事以外重聚。這是我對邁爾斯的話的理解——當他談論到一個關於再聚的「暗示」(頁 368)。

2. 見尤達（John Howard Yoder）的文章，“How H. Richard Niebuhr Reasoned: A Critique of Christ and Culture,” in Glen H. Stassen, Diane M. Yeager, and John Howard Yoder, *Authentic Transformation: A New Vision of Christ and Culture* (Nashville, TN: Abingdon, 1996), 88。
3. 關於這個主題，見以下文集裏的文章：Beverly Roberts Gaventa and Patrick D. Miller ed., *The Ending of Mark and the Ends of God: Essays in Memory of Donald Harrisville Juel* (Louisville, KY: Westminster John Knox, 2005)。
4. 見 Robert W. Jenson, *Systematic Theology, vol. 1, The Triune God* (Oxford: Oxford University Press, 1997), 200～201。
5. 約翰遜（Luke Timothy Johnson）不認為這句話指耶穌決定繼續往前走，他認為這只是修辭元素，為了把故事說得更動聽。見 *The Gospel of Luke* (Collegeville, MN: Liturgical, 1991), 396。

6. 巴爾塔薩正確地以復活顯現的階段為背景來討論以馬忤斯的故事，也就是說，在某種意義上，這是前聖禮時期（presacramental；因為在復活後的四十天內，人與耶穌的相遇相對來說不經甚麼媒介），這同時亦揭開了隨之而至的聖禮時期的序幕。*A Theology of History* (San Francisco: Ignatius, 1994), 83 ～ 100。
7. Augustine, *City of God* 22.5.
8. 見 Rowan Williams, *Resurrection: Interpreting the Easter Gospel* (London: Darton, Longman and Todd, 2002) 第五章。
9. 在 *Fools, Martyrs, Traitors: The Story of Martyrdom in the Western World* (New York: Alfred A. Knopf, 1997) 裏面，萊西．史密夫嚴重誤解了十字架跟復活之間的關係，因他忘記那些知道並傳講復活的人，他們的見證乃是緊密連於他們的跟隨。萊西．史密夫認為，十字架與復活「確立了殉道是一個深思熟慮的方法，以達至一個結果，它們也證實了這方法的確行得通」（頁72）。我希望本書已提供充足的論據，去抗衡這令人反感的結論。

10. Jenson, *Systematic Theology*, 1:198.

第 7 章：殉道和應許

1. 對於基督教訴諸歷史意義的做法，尼采（Fredrich Nietzsche）的輕蔑是眾所周知的，關於這點，我們可說的話還真不少。然而，只要歷史的意義以適當的終末用語呈現，他大部分的批判便會顯得無的放矢。
2. 論到「天啟作品」怎樣反映「標準的因果關係」之反題（antithesis），見 David Toole, *Waiting for Godot in Sarajevo: Theological Reflections on Nihilism, Tragedy, and Apocalypse* (Boulder, CO: Westview, 1998)。
3. 有一點很關鍵，就是應許與成就的辯證不會瓦解，正因為這兩者保持有別，歷史才可能出現。也就是說，**歷史**顯示出上帝的應許與成就所採取的形式，正如巴爾塔薩在 *A Theology of History* (San Francisco: Ignatius, 1994), 127～133 中所主張的。換言之，人類歷史不外乎是一段時間，這段時間處於「上帝在基督裏賜給祂的受造物的應許」和「這些應許之成就」之間。也就是說，歷史是上帝的創造物，在某種意義上，相較於「承諾應許」及「臨到蒙應許者」這些積極事件，它是次要的（因為歷史倚靠後者）。

4. 在這方面，把殉道工具化的試探，也許是一般試探中的具體事例，它在敬拜的踐行方面困擾著教會，正如華恩韋殊（Bernd Wannenwetsch）所主張的，見 *Political Worship: Ethics for Christian Citizens* (Oxford: Oxford University Press, 2004)，特別是頁 133。
5. 遺孤的主題，在俄利根（Origen）的 *Exhortation to Martyrdom* 中很常見。
6. 見斯威特（J. P. M. Sweet）對啟示錄中「受苦的人可能產生的道德影響」，以及「上帝的申辯」這兩者的分離（disjunction）所作的分析，見 "Maintaining the Testimony of Jesus: The Suffering of Christians in the Revelation of John," in *Suffering and Martyrdom in the New Testament,* ed. William Horbury and Brian McNeil (Cambridge: Cambridge University Press, 1981), 101～117。
7. 見格里菲思（Paul J. Griffiths）根據「脱離關係」（disowning）這觀念對奧古斯丁有關説謊的討論所作的闡釋，見 Paul J. Griffiths, *Lying: An Augustinian Theology of Duplicity* (Grand Rapids, MI: Brazos, 2004)

第五章。

8. 「對耶穌復活故事的傳講，這本身就屬於一個敘事，藉此敘事，復活的宣告建立它自己的意義。」見 Robert W. Jenson, *Systematic Theology, vol. 1, The Triune God* (Oxford: Oxford University Press, 1997), 175。

9. 因此，正如曼西尼（Guy Mansini）在 *Promising and the Good* (Naples, FL: Sapientia, 2005) 中所主張的，透過應許揭示的未來，倚靠的是信靠而非專業技能。也就是說，認知應許的人與承諾應許者的關係，無可避免地連於有關這應許的知識，而這樣的知識永不能比這關係（或承諾應許者）更持久。

10. 我受惠於許布（Chris K. Huebner）對殉道之非工具性所作的出色討論，這在本章隨處可見，見 Chris K. Huebner, *Precarious Peace: Yoderian Explorations on Theology, Knowledge, and Identity* (Scottsdale, PA: Herald, 2006)，特別是第八章。

11. 見 Friedrich Nietzsche, *The Antichrist*, in The Portable Nietzsche, ed. and trans. by Walter Kaufman (London: Viking Penguin, 1968) 第 53 節。

12. 但我們不可把這邏輯逆轉，就是在我們沒有把見證工具化的基礎上，證明見證的真確性，因為我們一旦這樣做，實際上就是把見證工具化。

13. 難怪巴特會作出以下評論：「沒有人能試圖成為一名殉道者。一個人只能準備好，被迫成為一名殉道者。」*Church Dogmatics* 3/4, trans. G. W. Bromiley et al. (Edinburgh: T & T Clark, 1956～1975), 79。正如我在前面曾討論到，成為一名殉道者是一個特殊的對立事件（occurrence of opposition），呼召個別有所回應的人；這不是信與不信之間的對立的永久特色，不管這對立本身有多持久。即便如此，這樣的對立永不是必然的，只是碰巧這樣罷了。在特殊情況下出現的殉道，見證了基督徒的信念，它沒有**必要**跟任何事物爭論。

14. 見 Richard Bauckham, *The Theology of the Book of Revelation* (Cambridge: Cambridge University Press, 1993), 84。

信念再思叢書

慎思明辨，探求真相。

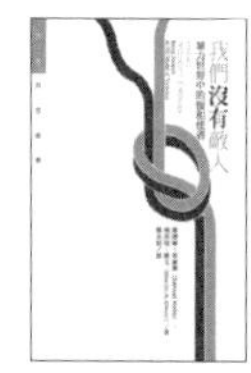

我們沒有敵人——暴力世界中的復和使者

Living Without Enemies: Being Present in the Midst of Violence
塞繆爾．韋爾斯（Samuel Wells）、瑪西婭．歐文（Marcia A. Owen）合著
陳永財 譯／HK$78

雞毛蒜皮的信仰（二版）

許立中 著／HK$68

聖經，一本怎樣的書？

The Bible and Contemporary Culture
戴歌德（Gerd Theissen）著／譚偉光 譯／HK$98

暴力世界中的溫柔——軟弱羣體的先知見證

Living Gently in a Violent World: The Prophetic Witness of Weakness
侯活士（Stanley Hauerwas）、范尼雲（Jean Vanier）合著
陳永財 譯／HK$53

權力與激情——六個追尋復活的人物

Power and Passion: Six Characters in Search of Resurrection
塞繆爾．韋爾斯（Samuel Wells）著／陳永財 譯／HK$73

為這星期五感謝神——於現今世代再思十架七言

Thank God It's Friday: Encountering the Seven Last Words from the Cross
韋利蒙（William H. Willimon）著／李金好 譯／HK$63

梁家麟書系

另一種信仰？

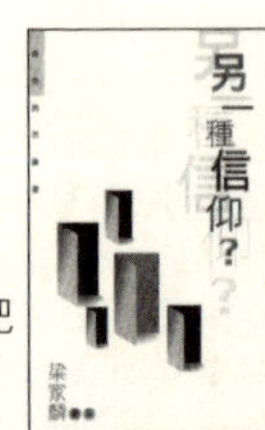

梁家麟 著／HK$48

信仰本來便是一場冒險和掙扎，沒有任何必然性可以成為我們穩妥的把握。面對「危險」的信仰，讓我們看見自己的虛偽和驕傲。

憑誰意行？

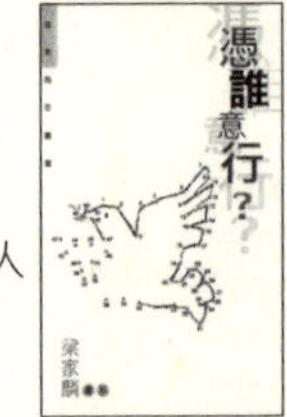

梁家麟 著／HK$48

神真願當木偶師？祂造人的心意只是希望多一大堆木偶來把玩扯弄？人必須正視和反思自己的責任和角色。

無言上帝的僕人

梁家麟 著／HK$53

我們似乎揣摩不到上帝的作為，面對沉默不語的上帝，我們仍需承擔歷史責任、尋索上帝在生命裏的個別作為，面對挑戰。

凡人的祈禱

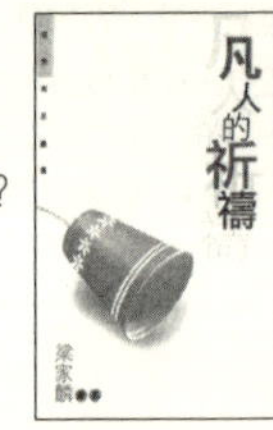

梁家麟 著／HK$53

基督徒是否真能藉祈禱與上帝契合？怎樣的祈禱才是有效而合法的呢？作者站在改革宗的立場分享「凡人」見解。

緊扣時代 服事教會

以文字傳揚基督真道

讀者意見表

衷心多謝你購買本社書籍。本社一直致力以出版事工服事教會，幫助信徒扎根於神的話語，促進靈命增長。為使我們的出版更能滿足你的需要，請填寫下列各項資料，並寄回或傳真予本社。

所購書籍：____________________

本書最吸引你的地方：

□作者 □適切性 □文筆 □設計 □實用性

□其他：____________________

購買本書地點：

□基道書樓 □基督教書店 □非基督教書店

性別：□男 □女 職業：____________________

信仰：□基督徒 □非基督徒

年齡：□ 16 歲或以下 □ 17～25 歲 □ 26～35 歲

□ 36～55 歲 □ 56 歲或以上

學歷：□中三或以下 □中五 □預科

□大學 □研究院

□我欲更多了解基道出版社的事工及考慮支持，請寄給我下列資料：

□機構簡介 □新書資料 □基道會員通訊

□《基道文字事工通訊》

姓名：____________________ 電話：____________________

地址：____________________

____

傳真：____________________ 電子郵件：____________________

其他意見：____________________

____

多謝賜教！

意見表可以傳真（2687-0281）或直接郵寄以下地址：

香港沙田火炭坳背灣街26號富騰工業中心1011室

基道出版社編輯部收